DIE EREMITAGE

Eine Reise durch die Säle

Einführung von Michail Piotrowski

Text verfasst von Sofia Kudrjawzewa
und Ljudmila Torschina

Aus dem Russischen übertragen von Roman Orlow

Künstlerische Gestaltung von Vitali Wjasowski

Fotos von Leonard Chejfez, Pawel Demidow,
Romuald Kirillow, Wladimir Michailow,
Juri Molodkowez, Viktor Sawik, Jewgeni Sinjawer,
George Skatschkow, Wladimir Terebenin, Oleg Trubski

Chefredakteur Nina Grischina

Redakteur Maria Lyschenkowa

Computer-Umbruch Olga Dubowaja

Farbkorrektur Jekaterina Schumichina

Farbauszug Firma »Goland«, St.Petersburg

ISBN 5-94795-059-6

Die Eremitage beherbergt nicht nur Meisterwerke der Weltkunst, sondern ist auch ein großes Denkmal für die russische Kultur. Sie steht der Welt offen gegenüber und nimmt regen Anteil an der gesamten Weltkultur. Dieses weltumfassende Prinzip ist eines der wesentlichen Besonderheiten der Eremitage. Das Museum trägt den nicht russischen Namen Eremitage – »Einsiedelei«, »Platz der Abgeschiedenheit«. Entsprechend der Mode des 18.Jahrhunderts hießen so gemütliche Schloss-Pavillons in den Herrscherschlössern, wo der kaiserliche Hausherr oder kaiserliche Hausherrin einen engen Kreis von auserwählten Gästen empfingen, um sich fern der Hofetikette dem gemütlichen Zeitvertreib hinzugeben. Die Zeiten änderten sich, und auch heute bleibt das Museum für seine die Kunst liebenden Besucher ein »Platz der Abgeschiedenheit«, wo man sich in die Welt der ewigen Gedanken und Gefühle, in die Welt der Schönheit und Poesie versinken kann. Darin liegt Anfang des 21.Jahrhunderts die große Mission der Eremitage.

Das große Museum hat viele Gesichter, die sich von Gebäude zu Gebäude und von Epoche zu Epoche geändert haben. Der Winterpalast ist ein Meisterwerk des russischen Barocks. Seine Prunksäle beherbergen heute Ausstellungen der französischen Malerei, des französischen Silbers und Porzellans. Doch hier lebt auch der Geist seiner früheren Bewohner – Katharinas II. und Alexanders I., der Geist der Nikolaus-Epoche und der Epoche Alexanders II. , der Russland vom Leibeigenrecht befreite. In den ehemaligen Hoffräulein-Zimmern hängen die Gemälde von Matisse und Picasso, sind chinesische Fresken und Silberschalen der sassanidischen Schahs zu sehen. Die Kleine Eremitage bewohnte die »Nördliche Semiramis« wie Voltaire die Gründerin der Eremitage Katharina II. nannte. Heute sind hier reichste Sammlungen an mittelalterlicher Kunst (Basilewsky-Sammlung) und seltene Bilder der altniederländischen Maler ausgestellt. Die Alte oder Große Eremitage ist für die anwachsenden Kollektionen Katharinas gebaut worden. In ihr befinden sich heute die Gemälde von Leonardo da Vinci, Tizian und den Meistern der italienischen Renaissance. Im Eremitage-Theater werden wie zu Zeiten Katharinas II. auch heute Opern- und Ballettaufführungen gegeben. Unter der Bühne ist der Winterpalast Peters I. ausgegraben und rekonstruiert worden. Die Neue Eremitage, an deren Haupteingang die mächtigen Atlanten des Bildhauers Terebenjew stehen, ist eines der besten Vorbilder der Museumsarchitektur in der Welt. Die Meisterwerke der antiken Skulptur, die Gemälde von Veronese und Tiepolo, der Holländer und Flamen, die Ritterrüs-tungen reihen sich wie kostbare Steine in die klassizistische Ausstattung des ersten öffentlichen Museums Russlands. Der östliche Flügel des Generalstabsgebäudes ist heute ebenfalls ein Teil der Eremitage. Die Säle der von Rossi gebauten kaiserlichen Ministerien Russlands verwandeln sich allmählich in Museumssäle. An der anderen Newaseite steht das Schloss Menschikows, des ersten Gouverneurs von Petersburg. Die Gegenstände und Innenräume des Menschikow-Schlosses atmen den Geist der neuen Petrinischen Hauptstadt. Die Eremitage hat in sich die große russische Geschichte aufgenommen, sie bewahrt den Geist und die Gestalten ihrer großen Herrscher und Helden. Sie verbildlicht in ihren hohen Meisterwerken die gesamte Weltkultur. Die Reise durch die Säle der Eremitage ist wie eine Reise um die Welt.

Michail Piotrowski
Direktor der Staatlichen Eremitage,
Korrespondierendes Mitglied
der Russischen Akademie der Wissenschaften,
Wirkliches Mitglied der Russischen Akademie der Künste,
Professor der Universität St. Petersburg,
Doktor der Geschichtswissenschaften

Louis Tocqué. 1696–1772
Bildnis der Kaiserin Jelisaweta Petrowna
1758. Öl auf Leinwand

Blick auf den Winterpalast bei Nacht. **1857**
Aquarell von Wassili Sadownikow

Gleich einem Schiff über den Wellen eines mächtigen Flusses erhebt sich an der Newa das herrliche Ensemble der weltbekannten Eremitage, die der Stolz von ganz Russland ist. Fünf Schlösser zwischen der Newa und dem Schlossplatz wie auch der an den Süden des Platzes grenzende Flügel des Generalstabs, das Menschikow-Schloss auf der gegenüberliegenden Newaseite und das Fundusgebäude der Eremitage in Nowoje Derewnje beherbergen einen ungeheuren Reichtum. Fast drei Millionen Ausstellungsstücke – mehr als 16000 Gemälde und 12000 Skulpturen, etwa 600000 Graphiken und mehr als 250000 Gegenstände der angewandten Kunst, 700000 archäologische und 1000000 numismatische Denkmäler sowie eine reichste Sammlung an Büchern umfassen die Kultur und Kunst der Völker der Welt vom Paläolithikum bis zum 20.Jahrhundert.

Die Eremitage zählt fast 240 Jahre. Das Jahr 1764 gilt als ihr Gründungsjahr, da in diesem Jahr für sie die erste Gemäldesammlung erworben wurde. Die Geschichte der Eremitage nahm allerdings früher ihren Anfang, zusammen mit der Errichtung ihres ersten Gebäudes – dem Winterpalast. Die Hauptresidenz der russischen

Kaiser erbaute 1754 bis 1761 der Architekt Bartolomeo Francesco Rastrelli für die Kaiserin Jelisaweta Petrowna. Ihre erste Besitzerin war jedoch Katharina II. Gerade ihr kam die Idee, am Hofe eine »Eremitage« (frz. »Platz der Abgeschiedenheit«) für Empfänge und Unterhaltungen im engen Gästekreis einzurichten. So erschien 1764 bis 1775 an der Ostseite des Palastes die heutige Kleine Eremitage: Ein hängender Garten mit zwei Pavillons – dem Südlichen und Nördlichen Pavillon, verbunden durch Galerien. Hier fanden die ersten Kollektionen der Kaiserin Katharina II. ihren Platz. Am Ende ihrer Herrscherzeit befand sich im Besitz der Kaiserin – angefangen

Franz Krüger. 1797–1857
Bildnis des Kaisers Nikolaus I.
1850er Jahre. Öl auf Leinwand

Neue Ermitage. 1861
Aquarell von Luigi Premazzi

mit den beim Berliner Kaufmann J. Gotzkowsky im Jahre 1764 erworbenen 225 Gemälden – eine der besten Sammlungen Europas. Zur Aufbewahrung der Kollektionen baute man an die Kleine Eremitage 1771 bis 1787 von der Newaseite ein weiteres Gebäude an – die Alte Eremitage. 1783 bis 1787 kamen zum Komplex der Katharinen-Eremitage die von dem Architekten Giacomo Quarenghi erbauten Raffael-Loggien und das Eremitage-Theater hinzu.

Die Erben Katharinas vervielfachten den Reichtum der Eremitage und verwandelten sie aus einer Privatsammlung in ein allgemeinzugängliches Kaiserliches Museum. Eine wesentliche Rolle spielte dabei Nikolaus I. Seinem Willen nach wurde 1839 bis 1851 ein spezielles Museumsgebäude – die Neue Eremitage – erbaut, das dem Ensemble der Eremitage-Gebäude seinen Abschluss gab. Bis zur Revolution war die Eremitage Eigentum der Kaiserfamilie und zum Teil auch der kaiser-lichen Residenz. Ihr Schicksal war untrennbar mit dem historischen Schicksal des Kaiserpalastes und seiner Bewohner verbunden. Der Fall der Monarchie im März 1917, die Einnahme des Palastes durch die aufstän-

Neue Ermitage. Saal der holländischen und flämischen Malerei (Zeltsaal). 1858. Aquarell Luigi Premazzi

Thronrede des Kaisers Nikolaus II. vor der Eröffnung der Ersten Staatsduma im Georg-Saal des Winterpalastes. Foto 1906

Unbekannter Künstler. Bildnis des Kaisers Nikolaus II. 1915–1916. Öl auf Leinwand

Michail Rundalzow. Bildnis der Kaiserin Alexandra Fjodorowna. 1905. Öl auf Leinwand

Pawel Sokolow-Skalja. Sturm des Winterpalastes. 1957.Öl auf Leinwand

dischen Matrosen, Arbeiter und Soldaten im Oktober des gleichen Jahres wurden zum Wendepunkt, nach dem die neue Geschichte des Museums begann. Seine Kollektionen wuchsen fast um das Vierfache an, neue Abteilungen wurden eingerichtet, es entfaltete sich eine rege Museumstätigkeit. Nicht leichte Prüfungen machte die Eremitage in den 30er Jahren des 20.Jahrhunderts durch, als einige ihrer Meisterwerke verkauft wurden. Das Museum durchstand auch die harten Jahre des zweiten Weltkrieges und der Leningrader Blockade. Das Ende des 20.Jahrhunderts war für die Eremitage eine Zeit der Erneuerung und neuer Erwerbungen. Sie erhielt das alte Gebäude des Menschikow-Schlosses. Bei der Generalrestaurierung des Eremitage-Theaters (1987–1989) wurden in dessen Sockelgeschoss die Zimmer des Winterpalastes Peters I. rekonstruiert. Anfang der 90er Jahre ging in den Bestand der Eremitage der linke Flügel des Generalstabs über. In den ehemaligen kaiserlichen Ministerien wurden Ausstellungen des Museums untergebracht. Im Sommer 2003 öffneten sich vor den Museumsbesuchern die schmiedeeisernen Gitter der Dreibogen-Einfahrt in den Winterpalast und der neue Eingang ins Museum vonseiten des Schlossplatzes.

> ***Blick auf den Winterpalast vonseiten der Newa***

FLAGSHIP

МОСКВА-109

Haupt-(Jordan-)Treppe. 1754–1762; 1837–1839
Architekten Bartolomeo Francesco Rastrelli; Wassili Stassow

Vigilius Erichsen. 1722–1782. Bildnis Katharinas II. vor dem Spiegel (Ausschnitt). 1762. Öl auf Leinwand

Die Reise durch die Säle der Eremitage beginnt vom Vestibül mit seinen Kassen, Garderoben und dem Informationsdienst. Wir durchschreiten die weiträumige Galerie, gelangen unter die abgeschatteten Gewölbe des Treppenlaufs, noch einige Stufen – und vor uns öffnet sich ganz unerwartet eine große Weite. Auf unerreichbarer Höhe schweben olympische Götter, flutet Licht aus den Fenstern, das in den Spiegeln reflexiert und über die weißen Wände, Pilaster und Statuen gleitet, schimmert das Gold der Stuckornamente. Feierlich und ganz gemächlich führen uns die beiden Treppenläufe aus weißem Marmor nach oben. Zehn Granitsäulen, die sich majestätisch über dem Treppenabsatz des zweiten Geschosses erheben, zwingen den Blick auf den prächtigen Barockdekor der Haupttreppe des Winterpalastes. Dieser

Haupt-(Jordan-)Treppe
Oberer Treppenabsatz

Großer Feldmarschall-Saal. 1866
Aquarell von Edward Hau

Paradeeingang überraschte bereits die ersten Besucher des Palastes, die Gäste der Kaiserin Katharina II. Auch bis in unsere Tage hat die Treppe fast vollständig den von Rastrelli geschaffenen Anblick erhalten.

Von der Haupttreppe führt der Eingang in die Große Prunkenfilade des Palastes. Sie eröffnet der Feldmarschall-Saal, den einstmals die Porträts der russischen Feldmarschälle schmückten. Hier übten die Gardeoffiziere ihren Dienst aus und fand das Aufziehen der Schlosswache statt. Die streng klassizistische Architektur, die in die Bemalung und das Stuckwerk einbezogenen Kriegsattribute und die Armatur – Kompositionen aus Rüstungen und Waffen – an den Bronzeleuchtern erinnern an die glorreichen Siege Russlands. Der Saal ist gleichzeitig mit dem benachbarten Saal, dem Peter-Saal, 1833 bis 1834 vom Architekten Auguste Montferrand geschaffen worden. Ein im Dezember 1837 ausgebrochener Brand vernichtete den Dekor der Säle. In den Jahren 1838 bis 1839 hat sie der Architekt Wassili Stassow, der die Arbeiten zur Wiederherstellung des Palastes leitete, nahe ihrem ursprünglichen Gedanken wiedergeschaffen. Heute ist der Feldmarschall-Saal der Eingangssaal in die Ausstellungen der Eremitage.

Feldmarschall-Saal. 1833; 1838–1839
Architekten Auguste Montferrand; Wassili Stassow

Große Krönungskutsche. 1720er Jahre. Frankreich, Paris
Holz, Metall, Glas, Leder, Seide, Tuch; geschnitzt, gegossen, vergoldet, bestickt, bemalt. Länge 700 cm
Erworben von Peter I. 1717 in Paris, womöglich während der Krönung Katharinas II. im Jahre 1763 benutzt.

Giacomo Amiconi. 1675–1752. Peter I. mit Minerva, der Göttin der Weisheit. Ausschnitt. Zwischen 1732 und 1735. Öl auf Leinwand. 231 x 178 cm

Der Peter-Saal ist zu Ehren des Kaisers Peter I., des Gründers des Russischen Kaiserreiches, geschaffen worden. Auf der Wandbespannung aus leuchtend rotem Lyoner Samt sind die Wappen und Monogramme Peters I. eingestickt, die sich unten an der Wand und an der Deckenbemalung wiederholen. Oben an der Wand hängen Gemälde mit der Darstellung der von Peter I. im schwedischen Krieg errungenen Siege – *Sieg bei Poltawa* und *Sieg bei Lesnaja.* In einer halbrunden Nische, wie im Altar einer rechtgläubigen Kirche, hängt zwischen zwei Jaspissäulen ein Gemälde, das Peter I. mit der Göttin der Weisheit und des Krieges Minerva darstellt. Vor dem Gemälde steht der Thron des Kaisers Paul I. , geschaffen 1797 vom Meister H. Meyer.

Peter-Saal (Kleiner Thron-Saal). 1833; 1838–1839 Architekten Auguste Montferrand; Wassili Stassow

Wappen-Saal. Teil des Interieurs

Dem Peter-Saal folgt der Wappen-Saal, einer der größten Säle des Winterpalastes mit einer Fläche von etwa 1000 Quadratmetern. Die den Chor stützenden schlanken Korinthsäulen, die Skulpturgruppen altrussischer Krieger zu Seiten der Eingänge verleihen dem Saal eine festliche Note. Hier empfing der Kaiser die Vertreter des Gouvernement-Adels und der russischen Städte. Auf den Leuchtern des Saals sind Schilde mit den Wappen der russischen Gouvernements befestigt. Im Wappen-Saal befindet sich die Ausstellung des westeuropäischen Silbers (17.bis 18.Jh.). Das Prunkgeschirr – Service, Plats de Menage, Weinkühler – ist auf Bestellung des russischen Hofes und Adels bei den berühmten Pariser und Augsburger Meistern angefertigt worden und steht hier inmitten von zierlichen Nippsachen und Juweliererzeugnissen.

Wappen-Saal. 1838–1839. Architekt Wassili Stassow

An den Wappen-Saal grenzt die Heldengalerie von 1812, ein Denkmal an die Heldentat der russischen Krieger, die den Sieg über die Armeen des französischen Kaisers Napoleon errungen hatten. Die von Carlo Rossi erbaute Galerie ist im Jahre 1826 geöffnet worden. An ihren Wänden sind 332 Porträts von russischen Generälen angebracht, den Teilnehmern an den Feldzügen von 1812 bis 1815. Die Bildnisse hat 1819 bis 1828 der englische Porträtmaler George Dawe größtenteils nach der Natur und die

George Dawe. 1781– 1829. Bildnis des Fürsten Pjotr Bagration. Um 1823. Öl auf Leinwand. 70 x 62,5 cm

George Dawe. 1781– 1829. Bildnis des Fürsten Nikolai Rajewski. Um 1826. Öl auf Leinwand 70 x 62,5 cm

George Dawe. 1781– 1829. Bildnis des Fürsten Michail Kutusow. 1829. Öl auf Leinwand 361 x 268 cm

Heldengalerie von 1812

Porträts der gefallenen Krieger nach ihren bildlichen Darstellungen gemalt. Dreißig Rahmen sind leer, so wurde das Andenken derer verewigt, deren Bildnisse zu malen es nicht gelang. Während des tragischen Brandes im Jahre 1837 retteten die Soldaten der höfischen Grenadierkompagnie, die Veteranen des Vaterländischen Krieges, die Porträts. Die Galerie ist in ihrem ursprünglichen Anblick wiederhergestellt worden. An der Stirnwand, unter einem Baldachin, hängt das Paradeporträt des Kaisers Alexander I. von Franz Krüger. Einen Ehrenplatz vor dem Eingang in den Hauptsaal, den Großen Thron-Saal, nehmen die Bildnisse von Michail Barclay de Tolly und dem Sieger über Napoleon Michail Kutusow ein.

Großer Thron-Saal (Georg-Saal). 1838–1841
Architekt Wassili Stassow

Der Große Thron-Saal schließt die Prunkenfilade ab. Hier, auf einer Erhöhung, steht vor dem Wappen des Russischen Kaiserreiches der samtbespannte Thron. Er ist 1737 für die Kaiserin Anna Ioannowna vom englischen Meister Nicholas Clausen geschaffen worden. Über dem Thronplatz erscheint das Relief mit der Darstellung des Siegreichen Georg, des Beschützers des russischen Heeres. In diesem Saal verliefen die Hauptzeremonien des kaiserlichen Hofes, in unseren Tagen werden hier die Gedenktage des hl.Georg und der hl.Katharina – die offiziellen »Eremitage-Tage« – gefeiert. Der Saal ist auf der Stelle des 1837 abgebrannten Quarenghi-Thron-Saals der Katharina II. wiederaufgebaut worden. Der Architekt Wassili Stassow, der sich an den früheren Bauplan hielt, gestaltete den Saal im klassizistischen Stil und gab ihm einen Dekor aus weißem Carraramarmor und vergoldeter Bronze. Das schöne Parkett aus sechzehn Holzarten wiederholt die vergoldeten Deckenornamente.

Großer Thron-Saal. Thronplatz

An die große Prunkenfilade grenzt die Große Kirche. Hier verliefen Gottesdienste, die ein obligatorischer Teil der offiziellen Zeremonien waren, Festgottesdienste für die Kaiserfamilie und den Hof, Trauungen, Taufen. Die Kirche hat ihren üppigen Barockdekor bewahrt, den Rastrelli geschaffen und Stassow nach dem Brand von 1837 erneuert hat. Das Kircheninterieur bildet einen schönen Hintergrund für die hier organisierten Ausstellungen der christlichen Kunst.

Laurits Regner Tuxen. 1853–1927
Trauung des Kaisers Nikolaus II. und der Kaiserin Alexandra Fjodorowna. 1895
Öl auf Leinwand. 65,5 x 87,5 cm

Große Kirche des Winterpalastes. 1754–1762; 1838–1839
Architekten Bartolomeo Francesco Rastrelli; Wassili Stassow

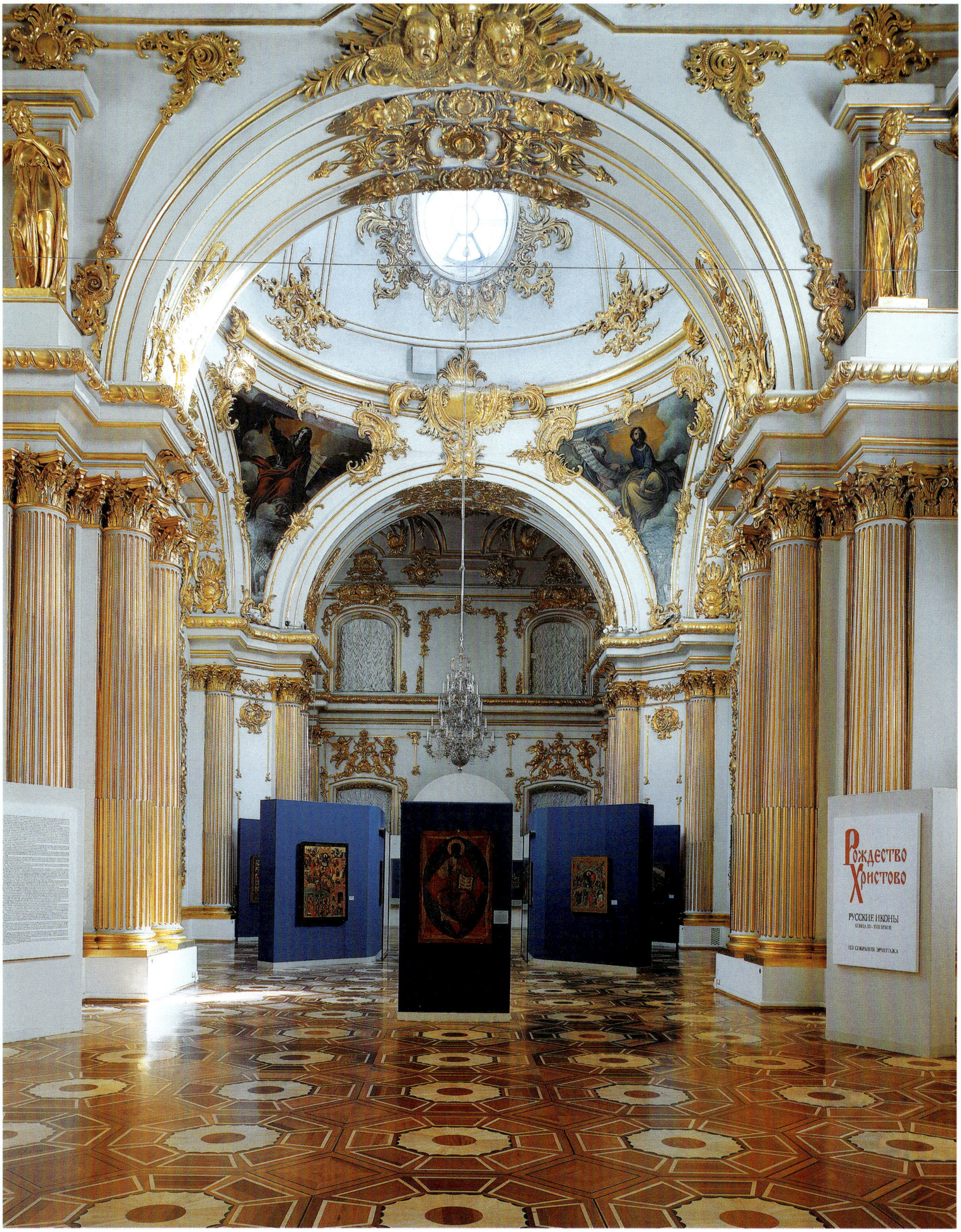

Ausstellung der französischen Kunst des 18.Jahrhunderts (Prunksalon des Ersten Reservezimmers). 1837–1839 Architekt Alexander Brüllow

Aus der Großen Kirche gehen wir in die Säle des zweiten Geschosses (längs des Schlossplatzes) über. Im 18.Jahrhundert waren das die Zimmer der Katharina II. (Säle 272–281) und ihres Sohnes, des künftigen Kaisers Paul I. (Säle 283–297). Die nach dem Brand von 1837 erneut von Karl Brüllow ausgestatteten Räume wurden zu Reserve-Hälften. Besonders prunkvoll sind die mit ihren Fenstern auf den Schlossplatz gerichteten Salons (Säle 343–349), die in ihrer Ausgestaltung dem Thema der glorreichen Siege Russlands gewidmet sind. Bis zur Revolution waren hier die Schlachtengemälde untergebracht, und auf den Gewölben sieht man bis heute die Bemalung mit Kriegsattributen. Nach der Übergabe des Winterpalastes im Jahre 1922 an die Eremitage wurden diese Säle in Ausstellungssäle der Eremitage verwandelt. Heute befindet sich hier die Ausstellung der französischen Kunst des 15. bis 18.Jahrhunderts.

André Charles Boulle. 1642–1732
Schrank. Zweite Hälfte 17.Jh., Paris
Ebenholz, vergoldete Bronze,
· Marketerie. 255 x 170 x 64 cm

Fast alle französischen Künstler, die im Laufe von dreieinhalb Jahrhunderten gearbeitet haben, sind in den 25 Sälen dieser Ausstellung vorgestellt: Gemälde, Skulpturen, Prunkgegenstände, für die das alte Frankreich berühmt war, Möbel, Gobelins, Gewebe, Stickereien, Porzellan usw. Diese Exposition der französischen Kunst ist eine der besten in der Welt. Ihr Kern bildete sich bereits im 18.Jahrhundert dank den zahlreichen Ankäufen und Bestellungen im Namen Katharinas II., der Gründerin der Eremitage. Die Sammlung wuchs auch später an, besonders nach dem Jahre 1917, als der Eremitage Kunstgegenstände aus den nationalisierten Privatkollektionen einverleibt wurden. Besonders vollständig ist in der Eremitage das klassische »große Jahrhundert« der französischen Kunst – das 17.Jahrhundert – vertreten.

Kameen-Service. 1778–1779. Paris, Sèvres
Weichporzellan, bestellt von Katharina II.,
mehr als 700 Stücke

Nicolas Poussin. 1594–1665. Tancred und Herminia
1630 – 1631. Öl auf Leinwand. 98,5 x 146,5 cm

Claude Gellée (gen.Lorrain). 1600–1682
Morgen im Hafen. Öl auf Leinwand. 97,5 x 120 cm

Als verkörperte Weisheit und Würde erstehen die Bauern vor dem Landschaftsgrund des französischen Nordens auf dem Meisterwerk *Familie der Milchverkäuferin* von Louis Le Nain, einem Meister der realistischen Richtung Anfang des 17.Jahrhunderts. Zwölf Gemälde machen mit dem Schaffen Poussins, dem Haupt der französischen Schule, bekannt. Der Gründer des nationalen klassizistischen Stils strebte ähnlich wie in der Antike und Renaissance nach dem Ausdruck hoher Ideale. Erhöht klingt das Thema der Liebe und Selbstaufopferung in seinem berühmten Bild *Tancred und Herminia,* das der Stolz der Eremitage ist. Von feinem Lyrismus und feiner Farberlesenheit ist die Welt der idealen Natur in den Landschaften Claude Lorrains, des größten Meisters des Klassizismus. Seinen Gemälden ist ein einzelner Saal gewidmet.

Louis Le Nain. 1593–1648. Familie der Milchverkäuferin
1640er Jahre. Öl auf Leinwand. 51 x 59 cm

Antoine Watteau. 1684–1721. Die Schmollende
Um 1718. Öl auf Leinwand. 42 x 34 cm

Wir verlassen die Säle der ernsten und majestätischen Kunst des 17.Jahrhunderts und befinden uns jetzt inmitten der vielfältigen Welt der französischen Kunst des 18.Jahrhunderts. Das »galante Jahrhundert«, das »Jahrhundert der Freidenkerei und Aufklärung«, war die Epoche aufkommender neuer Ideale und des Vorgefühls der kommenden Revolution. An den Quellen des Jahrhunderts stand die Figur

François Boucher. 1703—1770. Schäferszene
Öl auf Leinwand. 61 x 75 cm

Jean-Honoré Fragonard. 1732—1806. Der verstohlene Kuss
Ende 1780er Jahre. Öl auf Leinwand. 45 x 55 cm

Jean Baptiste Siméon Chardin. 1699—1779
Stilleben mit Attributen der schönen Künste. 1766
Öl auf Leinwand. 112 x 140,5 cm

des einsamen Träumers Watteau, der erstmalig die feinen intimen Gefühle in Farben aussprach. Seine zierlichen und ironischen »galanten Szenen« sind wahre Meisterwerke. Der Einfluss Watteaus wirkte sich auf die Herausbildung des Rokokostils aus, der in der Kunst des 18.Jahrhunderts dominierte. Die Arbeiten des großen Meisters Boucher in diesem Stil stehen neben den Marmorarbeiten Falconets, den Gemälden Fragonards, dem Möbel und kostbaren Dingen. Mit dem Rokoko polemisiert die ernste Kunst Chardins, die die Schönheit der einfachen und ewigen Wahrheiten bestätigt. Das *Stillleben* Chardins und seine Meisterwerke *Wäscherin* und *Mittagsgebet* sind neben der Skulptur Houdons zu sehen, der am Vorabend der Französischen Revolution arbeitete und die Gestalten berühmter Personen der französischen Auflärung geschaffen hat.

Jean Antoine Houdon. 1741—1828
Voltaire im Sessel. 1781. Marmor. Höhe 138 cm

Parallel zur Ausstellung der französischen Kunst des 17.Jahrhunderts befindet sich in der Hofenfilade, wo sich zur Zeit Katharinas II. die Zimmer ihrer Staatssekretäre befanden, die Ausstellung der deutschen Kunst des 15. bis 18.Jahrhunderts. Sie ist in erster Linie durch die Meisterwerke der deutschen Renaissance berühmt. Das von Bedeutsamkeit und Harmonie durchdrungene *Bildnis eines jungen Mannes* zeugt von der hohen Meisterschaft der Künstlerfamilie Holbein. Gemalt hat es Ambrosius Holbein, der Sohn des Hans Holbein d.Ä. und Bruder des berühmten Hans Holbein d.J. Vier erstklassige Werke gehören Cranach d.Ä., einem der führenden Meister der Renaissance. Seine von schweren Früchten beschattete

Lucas Cranach d.Ä. 1472–1553
Madonna unter dem Apfelbaum. Um 1530
Öl auf Leinwand, von Holz übertragen. 87 x 59 cm

Madonna unter dem Apfelbaum ist von bezaubernder Weiblichkeit und rätselhaftem Blick. Das Gemälde *Venus und Amor* zeigte erstmals in der deutschen Kunst einen nackten Körper. Der schlanken Göttin verleiht Cranach einen etwas drohenden Anblick, die Aufschrift über ihrem Kopfe warnt: »Vertreibe mit allen Kräften die Wollust des Cupido, sonst wird Venus deiner verblendeten Seele Herr«. Die Ausstellung lässt die Geschichte der deutschen Kunst bis zum Neoklassizismus Ende des 18.Jahrhunderts verfolgen, der durch die Arbeiten Mengs, des bekanntesten Meisters dieser Richtung, vorgestellt ist.

Ambrosius Holbein. Um 1495 bis um 1519
Bildnis eines jungen Mannes. 1518
Öl und Tempera auf Holz, 44 x 32,5 cm

Christina Robertson. 1796–1854
Kinder mit Papagei. 1850er Jahre
Öl auf Leinwand. 112 x 104 cm

Josua Reynolds. 1723–1792
Amor löst der Venus den Gürtel. 1788
Öl auf Leinwand. 127,5 x 101 cm

Neben der französischen Ausstellung ist in den fünf Sälen einer der ehemaligen Reserve-Hälften (mit den Fenstern zum Hof) die Ausstellung der englischen Kunst des 16. bis 19.Jahrhunderts untergebracht. Vielfältig und erstklassig sind die Arbeiten der englischen Malerei vertreten, insbesondere des Porträts, für das England berühmt war. Hier kann man auch die seltenen Arbeiten aus der Epoche der englischen Renaissance sehen sowie eine Reihe von Porträts aus dem 18.Jahrhundert, Werke von Romney, Raeburn, Hoppner und den Stolz der Eremitage, das *Bildnis einer Dame in Blau* von Gainsborough. Die Blüte der englischen Schule ist in erster Linie mit dem Schaffen Reynolds verbunden, des ersten Präsidenten der Londoner Akademie der Künste. Die Eremitage besitzt drei seiner Bilder. Besonders bekannt ist das Auftragsbild Katharinas II. *Herakles würgt die Schlangen* , eine Allegorie des jungen Russlands, und die lyrische und gefühlsvolle Komposition A*mor löst der Venus den Gürtel.* Angenommen wird, das für dieses Bild ihm Lady Hamilton, die berühmte Schönheit und Geliebte des Admirals Nelson, posierte.

Thomas Gainsborough. 1727–1788
Bildnis einer Dame in Blau. Ende 1770er Jahre
Öl auf Leinwand. 76 x 64 cm

Hubert Robert. 1733–1808
Landschaft mit Ruine
Öl auf Leinwand. 311 x 147 cm

Nach den Ausstellungen Frankreichs und Englands im südwestlichen Teil des Winterpalastes beginnt mit dem Weißen Prunksaal die Wohngemächer-Enfilade der Kaiserin Maria Alexandrowna (1824–1880), der Gemahlin Alexanders II. Die 1838 vom Architekten Brüllow geschaffenen und teilweise später erneuerten Säle haben den Anblick aus der Mitte des 19.Jahrhunderts bewahrt und sind ein herrliches Denkmal für die Wohnarchitektur des Palastes. Heute dienen sie als Ausstellungsräume. In dem reich mit Skulpturen dekorierten Weißen Saal ist die französische Kunst Ende des 18.Jahrhunderts vorgestellt, insbesondere die Malkunst der Künstler, die in Russland gearbeitet haben, wie Jean LouisVoille und die Porträtmalerin des französischen und russischen Hofes Marie Louise Elisabeth Vigée Le Brun. Sehr effektvoll sind an den Wänden die Landschaften mit römischen Ruinen von Hubert Robert. Hier findet sich auch das Möbel des berühmten deutschen Meisters des 18.Jahrhunderts David Roentgen. Die massiven, architektonisch komplizierten Bureaus sind mit Schreibplatten, Fächern und Geheimfächern sowie verschiedenen Mechanismen, darunter auch musikalischen, ausgestattet. Im benachbarten Goldenen Salon mit durchweg vergoldeten Wänden und mosaikengeschmückten Kaminen aus weißem Marmor sind in Tischvitrinen westeuropäische Gemmen ausgestellt, die eine der reichsten Sammlungen der Steinschneidekunst in Edel- und Halbedelsteine bilden.

Weißer Saal. 1838–1841
Architekt Alexander Brüllow

Giovanni Pichler. 1734–1791. Italien
Kentaure und Bacchantin. Zweite Hälfte 18.Jh.
Sardonyx. 1,7 x 2,4 cm

Bildnis Heinrichs IV. 1596. Frankreich
Perlmutter. 2,2 x 1, 7 cm
Heinrich IV. – französischer König
von 1594 bis 1610

William Brown. 1748–1825. England. Kopf der Hygieia. 1785. Karneol, Goldeinfassung. 3 x 2,7 cm
Hygieia – altgriechische Göttin der Gesundheit, Tochter des Asklepios, des Gottes der Heilkunst

Goldener Salon. 1840er bis 1860er Jahre
Architekt Alexander Brüllow

Grünes Speisezimmer. 1850
Architekt Andrej Stakenschneider

Himbeerfarbener Salon (Kabinett). Ende 1850er Jahre
Architekt Andrej Stakenschneider

Den Prunkzimmern der Wohngemächer-Hälfte folgen mehr intime, persönliche Räume. Neben dem Goldenen Salon befindet sich das gemütliche Familienspeisezimmer mit zart hellgrünen Wänden. Es ist in den 1860er Jahren von Stakenschneider im französischen Rokokostil ausgestaltet worden. Prächtig und erlesen sind die Stuckornamente, die Spiegel und die Malerei. Stakenschneider schuf auch den Himbeerfarbenen Salon der Kaiserin, der das von Brüllow ausgestattete Kabinett ablöste. Die Wände des einstmals für Musikabende bestimmten Salons bespannt Seide (ausgeführt nach Originalmustern aus dem 19.Jahrhundert) mit eingewebten Noten und Musikinstrumenten. Hier sind auch Beispiele des alten englischen Porzellans, das zum Teil der großen westeuropäischen Porzellansammlung der Eremitage gehört, ausgestellt.

Boudoir. 1853. Architekt Harald Bosse

Aus dem eleganten Himbeerfarbenen Salon gelangen wir in das kleine, wie eine kostbare Schatulle anmutende Rokoko-Boudoir der Kaiserin: rote Seidenwände, vergoldete Rahmen und Ornamente, Spiegel und gemalte Supraporten. In der Raumtiefe steht auf einer kleinen Erhöhung ein gemütlicher Alkoven unter einer von Karyatiden getragenen wellenartigen Umrahmung. Die stilgleichen Möbel, geschaffen von französischen Meistern, zeigen ebenfalls rote Seidenüberzüge. Die frohstimmende Pracht des Boudoirs steht im Kontrast zum klassisch feierlichen, doch etwas düsteren Dekor des Blauen Schlafgemachs, das die Enfilade beschließt. Heute finden hier Ausstellungen der Juwelierkunst statt. Wir verlassen die Appartements der Maria Alexandrowna und begeben uns in das dritte Geschoss des Winterpalastes zu einer der berühmtesten Ausstellungen der Eremitage – der französischen Kunst des 19. bis 20.Jahrhunderts.

Blaues Schlafgemach. 1838–1841
Architekt Alexander Brüllow

Fünfundzwanzig Säle nimmt im dritten Geschoss der Eremitage die Ausstellung der französischen Kunst des 19. bis Anfang des 20.Jahrhunderts ein. Das ist eine der größten Sammlungen in der Welt, in der sich die ganze komplizierte Kunstgeschichte Frankreichs dieser Zeit widergpiegelt. Die ersten Säle machen uns mit der Atmospäre der Epoche bekannt, die mit den Ereignissen der Großen Französischen Revolution und den napoleonischen Schlachten verbunden ist. Im Herd dieser Schlachten wurde eine neue Kunst geboren, deren anerkanntes Haupt Anfang des Jahrhunderts David gewe-

Antoine Jean Gros. 1771—1825
Napoleon Bonaparte auf der Brücke von Arcole
1797. Öl auf Leinwand. 134 x 104 cm

Jacque Louis David. 1748–1825
Sappho und Phaon. 1809. Öl auf Leinwand. 225,3 x 262 cm

sen ist – der erste Künstler der Revolution und des Imperiums, der Gründer des Neoklassizismus. Den antiken Idealen folgend, behaupteten David und seine Schüler in der Kunst den bürgerlichen Heldenmut und hohe Taten. Sogar das Thema der Liebe in seinem einzigen Eremitagebild ist von Pathos durchdrungen. Die Liebe der Dichterin Sappho und Phaons ist eine Quelle der Poesie. Der junge General Napoleon Bonaparte ist in der Darstellung von Gros ein flammender Held, der die Soldaten in den Kampf reißt. Auf dem Bildnis von Gerard erscheint Joséphine, die Gemahlin Napoleons, vor dem Hintergrund ihres Schlosses in Malmaison wie eine lebendige antike Statue. In der Empire-Epoche wird der Neoklassizismus zur allgemeinen Mode, zum Empire-Stil. Er ist auch in den Allegorien von

François Gerard. 1770–1837. Bildnis der Joséphine Beauharnais. 1801. Öl auf Leinwand. 178 x 174 cm

Louis Léopold Boilly. 1761–1845
Billard. 1807. Öl auf Leinwand. 56 x 81 cm

Prud'hon und Guérin wie auch in den Alltagsszenen von Boilly gegenwärtig. Doch bereits Ende der 1810er Jahre tritt die Generation der Romantiker gegen die majestätische Kälte des Empires und der akademischen Kunst auf. Vorgestellt ist in der Eremitage die romantische Kunst durch zwei Meisterwerke des großen Delacroix, die vom Orient und marokkanischen Eindrücken umweht sind, sowie durch zahlreiche Arbeiten weniger bekannter Künstler. Die Entdeckungen der Romantiker wurden Mode. Die Künstler verarbeiteten geschickt die Themen, Sujets und den farblichen Bildaufbau und überschwemmten mit ihren Bildern die akademischen Salons. Die effektvolle, doch weit vom Leben stehende Salonkunst ist anhand von Gemälden des »bezaubernden« Gerôme und der Porträts von Winterhalter vorgestellt. Sie zeigen vor welchem Hintergrund sich der Kampf um die Erneuerung der Kunst abgespielt hat. Einen energischen Schritt auf diesem Wege unternahmen in der Mitte des 19.Jahrhunderts

Jean Léon Gerôme. 1824–1904
Verkauf einer Sklavin. 1884. Öl auf Leinwand. 92 x 74 cm

EROME.

Eugène Delacroix. 1798–1863. Marokkaner, ein Pferd sattelnd. 1855. Öl auf Leinwand. 56 x 47 cm

Constant Troyon. 1810–1865. Aufbruch zum Markt. 1859. Öl auf Leinwand. 260,5 x 211cm

die realistischen Künstler. Die Landschaftsmaler, die zur Wiedergabe der lebendigen Kunst aufriefen, begannen ihre Bilder unmittelbar vor der Natur, im Pleinair, in der Umgebung des kleinen Dörfchens Barbizon bei Paris, zu malen. Eine ganze Abteilung ist den Gemälden von Rousseau, dem Haupt der Barbizoner Schule, und seinen Gesinnungsgenossen – Dupré, de la Peña, Troyon, Corot – gewidmet. Sie führen uns in die Welt der schöpferischen Suche, die eine Vorbereitung der Richtung war, die die ganze europäische Kunst veränderte und den bekannten Namen Impressionismus trug.

Théodore Rousseau. 1812–1867
Markt in der Normandie. 1832(?). Öl auf Leinwand. 29,5 x 38 cm

Claude Monet. 1840–1926. Dame im Garten.
Sainte Adresse. 1867. Öl auf Leinwand. 80 x 99 cm

Claude Monet. 1840–1926. Gartenecke in Montgeron
1876–1877. Öl auf Leinwand. 172 x 193 cm

Wir gehen in den Claude-Monet-Saal, und es scheint, dass sich vor uns Fenster auf die von Licht erhellte Welt öffnen: Der Wind schaukelt die Blumen und kräuselt die Oberfläche des Wassers; kühler Wind weht vom schattigen Teich; mit leichtem Schritt gleitet die weißgekleidete Dame über das Gras; die Brücke löst sich im Londoner Nebel auf ... Es ist ein in Malerei umgewandeltes Gefühl des lebendig atmenden Lebens, eine in den siebziger Jahren des 19.Jahrhunderts von Claude Monet und seinen Mitgenossen Renoir, Sisley und Pissarro geschaffene impressionistische Malmethode. Nach der ersten Gemäldeausstellung dieser Künstler 1874 in Paris nannte man sie Impressionisten. Eine der Landschaften von Monet

Claude Monet. 1840–1926. Teich in Montgeron. 1876–1877
Öl auf Leinwand. 173 x 193 cm

trug den Namen *Impression* (frz. Eindruck). Dieser Spottname der Künstler bürgerte sich auch für ihre Malmethode im Pleinair – unter der Einwirkung des natürlichen Lichts und der Luftatmosphäre – ein. Der Impressionist hält in der Tat mittels der reinen Farbflecken den kurzen Augenblick des veränderlichen Lebens fest. So lässt auch Auguste Renoir für einen Moment den Knaben stillstehen, dessen kleine Figur aus Sonnenflecken und Schatten gewebt zu sein scheint, die über den Sandweg und das Gartengrün huschen. Wie das zufällige Lebensfragment einer großen Stadt ersteht auf den Gemälden Camille Pissarros das Paris seiner Zeit. Sogar Edgar Degas, ein Künstler, der das Pleinair nicht anerkannte, malte

Edgar Degas. 1834–1917. Sich kämmende Frau (Bei der Toilette). 1885. Pastell auf Karton. 53 x 52 cm

Pierre Auguste Renoir. 1841–1919. Kind mit Peitsche. 1885
Öl auf Leinwand. 105 x 75 cm

Camille Pissarro. 1830–1903. Boulevard Montmartre in Paris. 1897. Öl auf Leinwand. 73 x 92 cm

in der Werkstatt vor der Natur, fixierte die Bewegungen und Gesten seiner nackten, gleichsam bei ihrer Beschäftigung überraschten Frauen. Der Impressionismus als größte Kunsterscheinung im französischen Leben der 60er bis 70er Jahre des 19.Jahrhunderts, der das Gesicht der europäischen Kunst änderte, ist in der Eremitage durch die Arbeiten der führenden Meister vorgestellt. Es gibt acht Gemälde von Monet, sechs erstklassige Arbeiten von Renoir, Bilder von Sisley und Pissarro, sowie weniger »bekannte« Impressionisten. Die an der Wende des 19. zum 20.Jahrhundert von den Moskauer Kennern der neuen Kunst Sergej Schtschukin und Iwan Morosow zusammengetragene Kollektion ist 1948 der Eremitage übergeben worden. Sie ist eine der weltbesten Sammlungen der französischen Kunst aus der zweiten Hälfte des 19. bis Anfang des 20.Jahrhunderts.

Paul Cézanne. 1839– 1906. Der Raucher
Um 1890– 1892. Öl auf Leinwand. 92,5 x 73,5 cm

Vincent van Gogh. 1853–1890. Die Damen von Arles (Erinnerung an den Garten von Etten). 1888
Öl auf Leinwand. 73 x 92 cm

Vincent van Gogh. 1853–1890
Hütten. 1890. Öl auf Leinwand. 60 x 73 cm

Den Gemälden der Impressionisten folgen die Arbeiten der Meister des Postimpressionismus, der ganz am Ende des 19.Jahrhunderts – nach der letzen Ausstellung der Impressionisten im Jahre 1886 – aufkam. Der Impressionismus hörte auf als einheitliche Richtung zu bestehen, doch auf seiner Grundlage formierte sich die Kunst der von ihrer Zeit nicht verstandenen und abgelehnten »großen Einzelgänger«, die der Welt neue Wege in der Malerei öffneten. Elf Gemälde von Cézanne führen uns von seinem frühen, noch naiven, nach Unabhängigkeit dürstenden Gemälde *Mädchen am Klavier* (1869) bis zur Aneignung des Impressionismus in den 1870er Jahren und letzten Endes zu den weltbekannten Meisterwerken der 80er bis

Vincent van Gogh. 1853– 1890
Der Fliederstrauch. 1889. Öl auf Leinwand. 72 x 92 cm

Paul Gauguin. 1848–1903. Tahitische Pastorale
1893. Öl auf Leinwand. 87,5 x 113,7 cm

90er Jahre, die in sich die heiße Sonne des Südens und die majestätische Gebirgskälte der Pronvence, der Heimat des Künstlers, aufnahmen. Vier von van Gogh im Moment seiner höchsten Schaffensblüte in Arles und Auvers gemalten Bilder bringen uns sein leidenschaftliches, tragisches Lebensgefühl nahe, das im ungestümen Flammen seiner Farben zum Ausdruck kommt. Die fünfzehn in Ozeanien – auf den Inseln Tahiti und St.Dominique geschaffenen Gemälde von Gauguin, bezaubern durch ihre tiefe, gefühlvolle Harmonie, durch das fast wonnevolle Gefühl der »Lebenseinheit von Mensch, Pflanze und Tier«, die Gauguin, wenn auch nur kurz, weit von Frankreich und der europäischen Zivilisation gefunden hatte.

Paul Gauguin. 1848–1903. Frau mit Frucht
1893. Öl auf Leinwand. 92 x 73 cm

Pablo Picasso. 1881–1973. Absinthtrinkerin 1901. Öl auf Leinwand. 73 x 54 cm

Wir verlassen die Impressionisten und begeben uns durch eine lange Reihe von Sälen, die mit den Arbeiten der Meister der europäischen Avantgarde Anfang des 20.Jahrhunderts angefüllt sind. Einen besonderen Platz nehmen hier die Arbeiten von zwei großen Künstlern des 20.Jahrhunderts – Picasso und Matisse – ein. Mehr als dreißig Gemälde veranschaulichen uns die rebellische Jugend Picassos – die dramatischen Werke der Blauen und Rosa Periode (bis 1906) und die Arbeiten der kubistischen Periode (1907–1914), einer Richtung, die Picasso und seine Freunde geschaffen haben. Der Künstler, der den Lehren Cézannes und der Meister des Postimpressionismus folgte, suchte nach seiner eigenen Sprache,

Pablo Picasso. 1881–1973. Dame mit Fächer (Nach dem Ball). 1908. Öl auf Leinwand. 152 x 101 cm

Pablo Picasso. 1881–1973
Gitarre und Geige. 1913. Öl auf Leinwand. 65 x 54 cm

wollte aber mittels dieser Sprache vom Allgemeinen und Ewigen sprechen. Mit Hilfe der kubistischen Methode erstrebte er die Aufdeckung des konstruktiven Wesens der Dinge und Figuren, indem er ihnen die körperliche Decke nahm und den wahren, natürlichen Mechanismus des menschlichen Charakters und der Lebenserscheinungen bloßstellte (*Dame mit Fächer, Farmfrau, Frau mit Mandoline u.s.*). In den Arbeiten des Spätkubismus verbindet Picasso die Elemente verschiedener Konstruktionen und »synthesiert« ein neues Objekt, eine neue Welt, z.B. die Welt der Musik aus Instrumenten, Noten und Tapeten ...

Von den ewigen Wahrheiten sprechen in der Kunst von Matisse die Farben. Die dunkle blaue Farbe verbindet mit gefährlicher Anspannung das Weißblau und Schwarz mit dem Grün der Männer- und Frauenfigur im *Gespräch*. Blau und Grün, die Zeichen des festen Erdbodens und der unendlichen Luft, bilden ein Milieu, in dem das Feu-

Henri Matisse. 1869–1954. Gespräch. 1909
Öl auf Leinwand. 177 x 217 cm

Henri Matisse. 1869—1954. Der Tanz, 1910
Öl auf Leinwand. 270 x 391 cm

er der roten Körper den ewigen Tanz und die ewige Musik schafft. Dieses berühmte Wandgemälde schuf Matisse 1910 für das Schtschukin-Haus in Moskau. Heute befinden sich 37 Gemälde von Matisse aus der Periode seiner angestrengten Schaffenssuche und der Herausbildung seines einmaligen Matisseschen Stils in den Sälen der Eremitage. »Meine besten Arbeiten werden in Leningrad aufbewahrt«, sprach Matisse. Die in Farben ausgesprochene Liebe von der Schönheit der Welt schafft eine musikalisch harmonische und geistig reine Atmosphäre.

Die Ausstellung der neuen französischen Malerei in den Sälen der Eremitage ergänzt die Skulptur – von den Marmorarbeiten des großen Reformators Rodin, der das ewig Dynamische des Lebens in fast impressionistischen fließenden Formen verkörperte, bis zu den Bronzen von Matisse, Maillol und Bourdelle.

Auguste Rodin. 1840–1917
Ewiger Frühling. 1905. Marmor. Höhe 77 cm

Auguste Rodin. 1840–1917
Romeo und Julia. 1905. Marmor. Höhe 71 cm

Wassily Kandinsky. 1866–1944
Komposition Nr.6. 1910er Jahre. Öl auf Leinwand. 194 x 294 cm

Fünf Bilder berichten vom Schaffen Wassily Kandinskys, des »Vaters des modernen Abstraktionismus«. Die weitbekannte *Komposition Nr.6* gehört zur Folge von frühen abstrakten Gemälden, die Kandinsky in den Jahren 1911 bis 1912 in Deutschland geschaffen hat, in einer Periode von heranreifenden abstrakten Ideen. Die Komposition baut auf dem Zusammenspiel von freien, gegenstandslosen Farbflecken auf, die von mächtiger Dynamik ergriffen, sich der Macht der komplizierten, aufeinander abgestimmten Rhythmen unterordnen. Das farbenfrohe Gemälde klingt wie ein mächtiger Chor oder eine Sinfonie, die von Kraft, Majestät und Feierlichkeit erfüllt sind. Den Anfang zum geometrischen Abstraktionismus in der Kunst des 20.Jahrhunderts legte das 1915 gemalte berühmte *Schwarze Quadrat* von Kasimir Malewitsch. Die Eremitage hat die Autorenreplike

Wassily Kandinsky. 1866–1944
Winter. Öl auf Leinwand. 70 x 97 cm

2002 erworben. Das tiefschwarze Quadrat, das Zeichen des fehlenden Lichtes und somit aller Farben der Welt , liegt vor einem blendend weißen Fond, dem Zeichen des Lichtes, das alle Farben der Welt in sich aufgenommen hat. Dieses Bild beunruhigt auch Anfang des 21.Jahrhunderts die Gemüter durch sein unbegreifliches Rätsel. Das Malewitsch-Bild beschließt die Reise durch die Säle der Kunst des 19. bis 20.Jahrhunderts.

Kasimir Malewitsch. 1878–1935
Schwarzes Quadrat. 1929–1930(?)
Öl auf Leinwand. 53,5 x 53,5 cm

Wir steigen über eine Treppe in das zweite Geschoss hinunter und befinden uns jetzt in den Sälen des westlichen Gebäudetrakts des Winterpalastes, die einstmals als Wohngemächer für die Mitglieder der Kaiserfamilie gedient haben. Heute befinden sich hier die Ausstellungen der Abteilung »Russische Kulturgeschichte«, die einen Einblick in die verschiedenen Seiten der russischen Kultur im Laufe der russischen Geschichte vom 6. bis 20.Jahrhundert geben. In den Sammlungen der Abteilung

Das Wunder vom heiligen Georg mit der Schlange
Ende 15. bis Anfang 16. Jahrhundert
Tempera auf Holz, 57 x 43 x 2,5 cm

Kuppel der Großen Kirche des Winterpalastes

Alexej Antropow. 1716– 1795
Porträt F. Dubjanski. 1761
Öl auf Leinwand. 99, 5 x 76,5

ist die russische Malerei nur teilweise vertreten. Das sind im wesentlichen eine reiche Sammlung an altrussischen Ikonen und eine interessante Kollektion der Porträtmalerei, wie höfische Paradeporträts und sog. höfische »Landsitz«-Porträts, von denen viele früher im Winterpalast und anderen Petersburger Schlössern aufbewahrt wurden. Geschaffen haben sie russische und ausländische Maler, die am russischen Hof gearbeitet haben. Künstlerisch wertvoll sind die frühen russischen Porträts aus der ersten Hälfte des 18.Jahrhunderts von Matwejew, Nikitin, Antropow, Wischnjakow. Die Kunst des Porträts kam Anfang des 18.Jahrhunderts nach Russland, zusammen mit den von Peter I. beharrlich eingeführten westeuropäischen Traditionen. Noch lange hielten sich die russischen Porträtmaler an die gewohnte Ikonenmalerei. Sie gaben ihren Modellen eine feierliche Statik und eine besondere Vergeistigung, schmückten die europäische Kleidung mit russischen Mustern. Neben den Porträts in den Sälen der russischen Abteilung gibt es hier eine reichste Vielfalt von Gegenständen der dekorativen Kunst. Das Möbel, Gobelins, Silber, Porzellan, Stahlgegenstände der berühmten Tulaer Meister, geschnitztes Elfenbein, Kleidungsstücke schaffen den Alltag und die Atmosphäre verschiedener Epochen der russischen Lebensweise.

Iwan Wischnjakow. 1699– 1761
Bildnis der Stepanida Jakowlewa. Nach 1756
Öl auf Leinwand. 90 x 72 cm

Malachit-Salon. Gegenstände aus Malachit

Der Stolz der Eremitage ist die Sammlung der russischen Steinschneidekunst. Besondere Berühmtheit erlangten die Erzeugnisse aus Ural-Malachit. Die Meister vom Ural erfanden eine spezielle Technik zur Bearbeitung von Malachit, indem sie die Steine sehr kunstfertig in Plättchen zersägten und sich bemühten, die Innenzeichnung des Steins zu erfassen und aufzudecken. Sie klebten die Plättchen auf eine vorbereitete Oberfläche und erreichten schöne Muster und reichste Nunancen der grünen Farbe. In dieser sog. »russischen Mosaiktechnik« sind die Säulen, Kamine und Vasen des Malachit-Salons im Winterpalast ausgeführt. Für diesen Salon sind fast zwei Tonnen Malachit verwendet worden, das der Besitzer der Uralwerke Demidow dem Kaiser geschenkt hatte. Der von Brüllow nach dem Brand von 1837 ausgestattete Malachit-Salon gehört zum Bestand der ehemaligen Großen Kaiserhälfte des Winterpalastes.

Malachit-Salon. 1837—1839. Architekt Alexander Brüllow

Bibliothek Nikolaus II. 1894. Architekt Alexander Krassowski

Die letzten Bewohner der Großen Kaiserhälfte waren der Kaiser Nikolaus II. und seine Familie. In seiner ursprünglichen Ausstattung im Rokokostil (1894, Architekt Alexander Krassowski) ist bis heute nur das Kleine Speisezimmer für Familienessen geblieben. Ihren historischen Anblick hat auch die Bibliothek des Kaisers Nikolaus II. beibehalten. Ihre Wände bespannt gepresstes Leder, und das geschnitzte Möbel im englischen Gotikstil ist eingebaut. Nach dem Fall der Monarchie (seit Juli bis Oktober 1917) hielt sich in diesen Zimmern die Provisorische Regierung auf. Die Bibliothek diente dem Premierminister Kerenski als Empfangszimmer. Im Malachit-Salon verliefen die Sitzungen der Regierung und hier versammelten sich am 25.Oktober zum letzten Mal die Minister. In der Nacht zum 26.Oktober 1917 wurden sie im benachbarten Raum, dem Kleinen Speisezimmer, verhaftet.

Kleines Speisezimmer. 1894. Architekt Alexander Krassowski

ASIA

Konzert-Saal. 1837–1839. Architekt Wassili Stassow

Aus dem Malachit-Saal gehen wir in die Prunkenfilade der Newaseite über. Sie besteht aus drei Sälen: dem Konzert- und dem Ball-Saal oder Nikolaus-Saal (hier befand sich einstmals das Bildnis Nikolaus I.), dem größten Schloss-Saal mit einer Fläche von 1102 Qudratmetern, und dem Avant-Saal vonseiten der Haupttreppe. Die Enfilade hat Stassow nach dem Brand von 1837 ausgestaltet. Sie diente als Platz für Paradezeremonien, Bälle, Festessen und Abendessen. Hier werden jetzt große Ausstellungen veranstaltet. Im Konzert-Saal steht das Grabmal des russischen Feldherrn des 13.Jahrhunderts Alexander Newski, dessen Reliquien Anfang des 18.Jahrhunderts von Peter I. in die Hauptstadt, in das Alexander-Newski-Großkloster, überführt worden sind. Zum Sarkophag mit Siegesszenen des Alexander Newski gehören eine Pyramide, zwei Sockel mit Kriegerrüstungen und zwei große Leuchter. Für das Grabmal sind anderthalb Tonnen Silber verwendet worden.

Nikolaus-Saal. 1791– 1793; 1837– 1839
Architekten Giacomo Quarenghi; Wassili Stassow

Festessen im Konzert-Saal des Winterpalastes zu Ehren
des deutschen Kaisers Wilhelm I., der 1873 Petersburg besuchte. 1873
Aquarell von M. Zichy

Ausstellung der Abteilung Archäologie. 5. bis 4.Jh.v.Chr.
Südsibirien, Gebirgsaltai, Pasyryk-Hügelgrab 5

Knüpfteppich. Fragment. 5. bis 4.Jh.v.Chr.
Südsibirien, Gebirgsaltai. Pasyryk-Hügelgrab 5
Wolle. 200 x 185 cm

Wir gehen in das erste Geschoss hinunter und gelangen zur Ausstellung der Abteilung Archäologie. Hier befinden sich die Denkmäler der ältesten Kulturen, gefunden von den Archäologen auf dem Territorium unseres Landes. Weltbekannt sind die Funde aus den südsibirischen Hügelgräbern – aus den Bestattungen alter Nomadenhäuptlinge des Gebirgsaltais. Dank des ewigen Eises in den Altai-Hügelgräbern blieben einzigartige Gegenstände erhalten: Schmuck im »Tierstil« ,Gegenstände aus Holz, Leder und Filz, chinesische Seiden, ein großer Filzteppich mit bunten Applikationen, ein hölzerner Wagen und ein in der Welt ältester Knüpfteppich.

Wagen. Holz, 5. bis 4.Jh.v.Chr. Gebirgsaltai
Pasyryk-Hügelgrab 5. Holz, Leder. Höhe 300 cm

Diadem. 1.Jh. Nördliches Schwarzmeergebiet. Nowotscherkask, Chochlatsch-Hügelgrab. Gold, Türkis, Korallen, Granat, Amethyst, Glas, Perlen. Länge des Umfangs 61 cm, Höhe 15 cm

Neben der archäologischen Ausstellung befindet sich die Goldene Schatzkammer der Eremitage. Gerade hier ist die berühmte Sammlung an griechisch-skythischem und sarmatischem Gold sowie an Kostbarkeiten aus dem Osten untergebracht. Die Skythen waren kriegerische Stämme, die seit dem 7. bis 3.Jahrhundert v.Chr. in den Steppen der Schwarzmeerküste lebten. Sie standen im Kontakt mit der hochentwickelten Zivisilation der alten Griechen, die ihre Koloniestädte im 6.Jahrhundert v.Chr. in der Krim gründeten. Das wirkte sich auf die eigenständige Juwelierkunst aus, deren bemerkenswerte Meisterwerke von alters her in den skythischen Hügelgräbern gefunden wurden. Den goldenen Kamm aus dem Solocha-Hügelgrab am Dnepr (ausgegraben 1912–1913) und das Elektrumgefäß (Elektrum: mit Silber gemischtes Gold) aus dem 1837 ausgegrabenen

Kamm. 4.Jh.v.Chr. Solocha-Hügelgrab
Gold. Höhe 12,3 cm, Breite 10,2 cm

*Gefäß mit Darstellung von Skythen. 4.Jh.v.Chr.
Kertsch. Kul-Oba-Hügelgrab. Elektrum. Höhe 13 cm*

Kul-Oba-Hügelgrab bei Kertsch hat ein griechischer Meister kunstvoll angefertigt. Dabei sind die mit skythischen Kriegern geschmückten Erzeugnisse in einer für die Griechen sehr realistischen und meisterlichen Weise ausgeführt. Ein mikrotechnisches Meisterwerk der Juwelierkunst sind die berühmten Ohrgehänge (4.Jh.v.Chr.) aus einem Hügelgrab bei Feodossija. Zwischen der Scheibe und der Mondsichel der Ohrgehänge ist ein vierspänniger Streitwagen angebracht, den die Siegesgöttin Nika lenkt, neben ihr ist ein Krieger mit einem Schild zu sehen. Die Mondsichel ist granuliert, und nur unter der

*Hirsch. 7. bis 6.Jh.v.Chr. Nordkaukasien, Hügelgrab
an der Staniza Kostromskaja. Gold. Länge 31,7 cm*

*Ohrgehänge. 4.Jh.v.Chr. Griechenland. Hügelgrab bei Feodossija
Gold, gussziseliert, graviert, gegossen, Mikrotechnik. Höhe 9 cm*

Krug. 10. bis 11. Jh. Ägypten; 18. Jh. Türkei (Dekor)
Bergkristall, Silber, geschnitten. Höhe 19,8 cm

Tischchen. 17.Jh. Meister Situram. Indien Gold, Diamanten, Rubine, Smaragde, Perlen, Emaille. 27,3 x 27,3 cm

Lupe wird sichtbar, dass jedes Körnchen aus vier kleinen Tropfen besteht. Im Unterschied zu den Griechen stellten die Skythen nur Tiere dar und verliehen ihnen magische Kraft. Die Goldbleche in Gestalt eines Hirsches und Panthers sind seltene Meisterwerke des skythischen Tierstils. Die griechisch-skythischen Traditionen lassen sich auch in der barbarischen Kunst der Sarmaten-Nomaden verfolgen, die im 3.Jahrhundert die Skythen aus dem Schwarzmeergebiet verdrängten. In den letzten Sälen der Schatzkammer sind Juweliererzeugnisse aus China, Ägypten und Indien zu sehen. Bemerkenswert sind die prächtigen Dinge aus Gold, Edelsteinen und Emaille, die der indische Herrscher Nadir-Schah der russischen Kaiserin Anna Ioannowna schenkte.

Krug. 17.Jh. Indien. Gold, Diamanten, Rubine, Smaragde. Höhe 26 cm

Statue des Pharaons Amenembet III.
Um 1850–1800 v.Chr. Ägypten
Granit, Höhe 86,5 cm

Ehe wir den Winterpalast verlassen und unsere Reise durch die Säle der anderen Eremitage-Gebäude fortsetzen, besuchen wir die Ausstellung der altägyptischen Kunst. Hier finden sich massive Granitsarkophage mit eingeschnittenen Hieroglyphen, monumentale, Götter und Herrscher darstellende Statuen, Vitrinen, angefüllt mit zahlreichen Holz- und Bronzestatuetten – Uschebti, Dienerfigürchen, die den vornehmen Ägypter ins Jenseits begleiteten. Die große Kunst des alten Ägypten rühmte die Macht der Pharaonen und brachte den Glauben der Ägypter an das Jenseits zum Ausdruck.

Stele mit der Darstellung des königlichen Schreibers Ipi. Anfang 14.Jh.v.Chr. Ägypten. Neues Reich Kalkstein. 95 x 71 cm

Männerstatuette. Ende 15.Jh.v.Chr. Ägypten Neues Reich. Holz, Höhe 34,5 cm

Saal der altägyptischen Kultur und Kunst
5.Jahrtausend v.Chr. bis Ende 1.Jahrtausend v.Chr.

Pavillon-Saal. 1863
Aquarell von Edward Hau

Das Gebäude der Kleinen Eremitage – das zweite Gebäude im Ensemble des Eremitage-Komplexes – war für die Kaiserin Katharina II. zur geruhsamen Erholung von der im Winterpalast herrschenden strengen Etikette gedacht (Eremitage, frz. – Platz der Abgeschiedenheit, Einsiedelei). Die Kleine Eremitage besteht aus zwei kleinen, von einer Galerie verbundenen Pavillons und einem Hängenden Garten auf dem Niveau des zweiten Geschosses. Den Nördlichen Pavillon der Kleinen Eremitage nimmt der Pavillon-Saal ein, eines der schönsten Interieure der Eremitage.

Pavillon-Saal. 1850er Jahre
Architekt Andrej Stakenschneider

Pfauenuhr. Zweite Hälfte 18.Jh. England. Meister James Coxe (1723 bis um 1791). Holz, vergoldete Bronze, Silberfolie

Die Pfauenuhr gehört zu den effektvollen Exponaten des Pavillon-Saals. Gekauft hat sie Grigori Potemkin 1788 in England. Die vom englischen Uhrmeister James Coxe geschaffene Uhr gehört zum Typ der im 18.Jahrhundert modischen Aufziehmechanismen, die heute noch das Publikum in Erstaunen setzen. Zu einer bestimmten Zeit »beleben« sich die sie schmückenden Figuren: der Hahn kräht und schlägt mit den Flügeln, die Eule dreht den Kopf und der Pfau breitet seine herrlichen Schwanzfedern aus. Im Pilzhut drehen sich Ziffern, die die Stunden, Minuten und Sekunden anzeigen...

Hugo van der Goes (?). Um 1440–1482
Die Anbetung der Heiligen Drei Könige. 1470er Jahre
Triptychon. Mittelflügel. Öl auf Leinwand. 96,3 x 77,5 cm
Beschneidung Christi (linker Flügel). Bethlehimitischer Kindermord (rechter Flügel). Öl auf Leinwand. 96,2 x 31,7 cm
(alle Teile sind von Holz übertragen)

Reliquienschrein mit Szenen aus dem Leben der hl. Valérie. Ende 12.Jh. Frankreich, Limoges
Kupfer, Grubenschmelz, Holz
Höhe 19,5 cm, Länge 27,7 cm, Breite 11,7 cm

In den zwei Galerien der Kleinen Eremitage befinden sich die bekannten Kollektionen der westeuropäischen dekorativen Kunst des Mittelalters und der niederländischen Kunst des 15. bis 16. Jahrhunderts. Zu den Meisterwerken der niederländischen Kunst gehört das Triptychon *Anbetung der Heiligen Drei Könige* von Hugo van der Goes. Auf den drei Flügeln der Komposition spielen sich die Episoden ab, die mit der Geburt und der Kindheit Christi verbunden sind. Auf dem linken Flügel mit der *Beschneidung Christi* erscheint in der Tiefe die *Heimsuchung Mariä*, die der Geburt Christi voranging, im Mittelflügel die zentrale Komposition *Anbetung der Heiligen Drei Könige*, und der rechte Flügel ist der Szene des Bethlemitischen Kindermordes gewidmet. Rogier van der Weyden ist in der Eremitage durch sein großes Gemälde der *Heilige Lukas zeichnet die Madonna* vorgestellt. Dem Sujet liegt die Geschichte vom Evangelisten Lukas zugrunde, der das Bild der ihm erschienenen Madonna mit dem Kinde gezeichnet hat.

Rogier van der Weyden. Um 1400–1464
Der heilige Lukas zeichnet die Madonna. 1430er Jahre
Öl auf Leinwand, von Holz übertragen. 102,5 x 108,5 cm

Lucas van Leyden. 1489/94–1533
Die Heilung des Blinden von Jericho. 1531
Triptychon. Öl auf Leinwand, von Holz übertragen
115,5 x 150,5 cm (Mittelflügel)
89 x 33,5 cm (Seitenflügel)

Von dem bekannten niederländischen Meister des 16.Jahrhunderts Lucas van Leyden besitzt die Eremitage eines seiner besten Werke–das Triptychon *Heilung des Blinden von Jericho* –, das einzigste Gemälde des Künstlers in der Eremitage. Das Triptychon ähnelt wenig den religiösen Kompositionen der vorangehenden Epoche. Es gibt hier weder eine tiefe Gebetstimmung noch ein feierlich Ernsthaftes. Das Sujet der Heilung des Blinden durch Christus gestaltet der Künstler wie eine bunte, vielfigurige Genreszene, die er mit alltäglichen Details anfüllt. Der weltliche

Charakter der Szene ist hier womöglich damit verbunden, dass das Bild nicht für den Altar einer Kathedrale bestimmt war, sondern für das Hospital in Leyden, und das evangelische Sujet spielte hier wohl eher eine moralische, belehrende Rolle. Auf die Seitenflügel des Triptychons setzte der Künstler anstelle der traditionellen Heiligendarstellungen die höchst weltlichen Figuren eines Kriegers und Mädchens, Herolde, die die Wappen der Auftraggeber – des Leydener Bürgers Jacob Florisz van Monfort und seiner Gemahlin – zeigen.

Alte Ermitage. 1771–1787
Architekt Juri Velten

Die strenge Fassade der Großen Eremitage (nach dem Bau der Neuen Eremitage nannte man sie Alte Eremitage) vonseiten des Schlossufers ist ein Teil des baukünstlerischen Ensembles, das die Kleine Eremitage und den Winterpalast einbeschließt. Die Interieure der Kleinen und Alten Eremitage, deren Fenster zur Newa gerichtet sind, werden von der Rätetreppe getrennt (im 19.Jahrhundert stiegen auf ihr die Mitglieder des Staatsrats zum zweiten Geschoss empor). Heute ist in den Sälen der Alten Eremitage die bekannte Sammlung der italienischen Kunst aus der Renaissance-Epoche untergebracht.

Rätetreppe
Architekt Andrej Stakenschneider

Simone Martini. Um 1284–1344
Madonna aus der Szene »Verkündigung«
Um 1340–1344. Tempera auf Holz, 30,5 x 21,5 cm

Die Kollektion der italienischen Kunst nimmt 29 Säle ein und illustriert in genügend vollem Umfang die große Geschichte der italienischen Malerei – von der mittelalterlichen Kunst bis ins 18. Jahrhundert. Im sog. Saal der italienischen Primitiven, der die Sammlung eröffnet, befindet sich das einzigartige Meisterwerk von Simone Martini – der rechte Flügel des Diptychons »Verkündigung«, der die Madonna darstellt. Der linke Teil des Flügels – mit der Darstellung des Erzengels Gabriel – wird in der National Gallery in Washington aufbewahrt.

Filippino Lippi. Um 1457–1504
Anbetung des Kindes. Mitte 1480er Jahre
Öl auf Kupfer , von Holz übertragen
Durchmesser 53 cm

Fra Beato Angelico da Fiesole. Um 1400– 1455
Madonna mit dem Kinde und Engeln
Um 1425. Tempera auf Holz, 80 x 51 cm

Leonardo da Vinci. 1452–1519
Madonna mit dem Kinde (Madonna Litta). Um 1490–1491
Tempera auf Leinwand, von Holz übertragen. 42 x 33 cm

Von unschätzbarem Wert sind in den Sammlungen der Eremitage die beiden Gemälde des genialen Leonardo da Vinci, eines der Titanen der Renaissance-Epoche. Die *Madonna Litta* ist in der für Italien traditionellen Temperatechnik ausgeführt. Die Gestalt der Madonna, in der sich physische Vollendung mit hoher Vergeistigung vereinen, ist das Schönheitsideal der Hochrenaissance.

Leonardo-da-Vinci-Saal. 1858–1860
Architekt Andrej Stakenschneider

In der Epoche der italienischen Renaissance lagen die größten Zentren der Renaissance-Kultur in den Städten, von denen jede eine unabhängige politische Struktur war. Venedig leistete neben Florenz und Rom einen ungeheuren Beitrag zur Geschichte der italienischen Malerei. Die Blüte der Renaissance-Kunst in Venedig, der »Perle der Adria«, war Ende des 15.Jahrhunderts mit dem Namen des großen Giorgione (Giorgio da Castelfranco) verbunden. Giorgione war nur ein kurzes Leben beschieden. Er war etwa 32 Jahre alt, als ihn die Pestepidemie dahinraffte. Bis in unsere Zeit sind nur etwa 10 unbestrittene Werke von Giorgone geblieben. Die *Judith* gehört zur Zahl der Meisterwerke in der Eremitage-Sammlung. Das Sujet ist mit der biblischen Geschichte von der jüdischen Schönheit Judith verbunden, die in das Lager des assyrischen Heeres, das ihre Heimatstadt belagerte, eingedrungen war. Sie enthauptete den von ihrer Schönheit entzückten Heerführer Holofernes und rettete damit ihre Landsleute vor dem Untergang. Das heroische Thema war in der Renaissance-Epoche sehr populär, da es dem Künstler die Möglichkeit gab, den Helden in idealer Schönheit darzustellen. Judith, mit dem Schwert in der Hand und den Kopf des Feindes niedertretend, sieht wie eine vollendete antike Statue aus, die keinen Schrecken des menschlichen Daseins kennt. Zum Höhepunkt der venezianischen Renaissance-Kunst wurde die Malkunst Tizians. In der

Giorgione (Giorgio da Castelfranco)
Um 1478–1510. Judith. Anfang 16.Jh
Öl auf Leinwand, von Holz übertragen
144 x 66,5 cm

Tizian (Tiziano Vecellio). 1485/90–1576
Die büßende Maria Magdalena. 1560er Jahre
Öl auf Leinwand. 119 x 97 cm

größten Meister der Spätrenaissance, der Nachfolger Tizians – Tintoretto, Veronese, Palma d.Ä.

Die *Beweinung Christi* hat Paolo Veronese für die venezianische Kirche Santi Giovanni e Paolo gemalt. Im 16.Jahrhundert hängte man dort eine Kopie anstelle des Originals auf, das in eine Privatsammlung verkauft wurde. Die für Veronese gewöhnlich farbkräftige, dynamische und bevölkerte Malerei sieht hier äußerst streng und lapidar aus. Die Figuren der Madonna und des goldhaarigen Engels, der den Körper Christi stützt, sind tragisch, doch von verhaltener Trauer.

Eremitage befinden sich acht Werke des großen Meisters. Zur Zahl seiner unbestrittenen Meisterwerke gehört die *Büßende Maria Magdalena* im Moment ihres leidenschaftlichen Gebets. Ihrer Gestalt fehlen der strenge Asketismus und die religiöse Ekstase, Maria Magdalena ist im Gegenteil herrlich in ihrer irdischen, realen Schönheit. Tizian gibt die reichen Nuancen ihres goldenen Haars, die zarte weiße Haut, das lebendige Zittern der feinen Finger und die zum Gebet gefalteten Hände wieder. Einige breite Pinselstriche – und aus dem Dunkel erscheint das mit kostbarem Ambra gefüllte Gefäß. Von der Blüte der venezianischen Schule zeugen auch die bedeutenden Werke der

Paolo Veronese (Paolo Caliari). 1528–1588
Beweinung Christi. Zwischen 1576 und 1582
Öl auf Leinwand. 147 x 111,5 cm

In den Sälen der Neuen Eremitage wird die Ausstellung der italienischen Renaissance-Malerei fortgesetzt. Der geniale Meister der Renaissance-Epoche Raffael ist in der Eremitage mit zwei Bildern vorgestellt. Die *Madonna Conestabile* und die *Madonna mit dem bartlosen Josef* gehören zum Frühschaffen des großen Künstlers. Die *Heilige Familie* hat der junge, doch bereits bekannte Künstler in Florenz gemalt, bald nach seiner Ankunft aus Perugia. Die Gestalt der Madonna ist ein vom Künstler geschaffenes Ideal der weiblichen Schönheit. Sie ist, wie Raffael sagte »eine gewisse Idee«, zusammengestellt aus einer Vielzahl herrlicher Gesichter, wie er sie in seinem Leben sah. Der heilige Josef, der zur damaligen Zeit als bärtiger Greis dargestellt wurde, ist auf dem Gemälde Raffaels der Gestalt eines ihm realen Zeitgenossen angenähert.

Beide Gemälde Raffaels befinden sich – zusammen mit Majoliken, Möbeln, Gobelins und Skulpturen im Renaissance-Stil – im sog.Raffael-Saal. Die Wände des kleinen, dem Raffael-Saal benachbarten Kabinetts schmückt eine Serie von neun Fresken, die dem Leben der Venus, der Göttin der Liebe, gewidmet sind, die nach Entwürfen Raffaels von seinen Schülern für die Villa Palatina in Rom geschaffen wurden.

Raffael (Raffaello Santi). 1483–1520
Die heilige Familie (Madonna mit dem bartlosen Josef). Um 1506. Tempera auf Leinwand, von Holz übertragen. 72,5 x 56,5 cm

Teller mit der Darstellung der hl.Cäcilie
Zwischen 1540–1545. Italien. Deruta Majolika, auf weißer Zinnglasur bemalt, Lüster
Durchmesser 41 cm

Raffael-Saal (Saal der italienischen Majolika des 16.Jahrhunderts)

Raffael (Raffaello Santi). 1483–1520
Madonna Conestabile. Um 1503. Tempera
auf Leinwand, von Holz übertragen. 17,5 x 18 cm

Das kleine Meisterwerk *Madonna Conestabile* hat der junge Raffael noch in seiner Heimatstadt Perugia geschaffen. Der Künstler setzt die zarte mädchenhafte Madonna mit dem Christuskind auf den Knien vor den Hintergrund einer hellen, sorgfältig modellierten Frühlingslandschaft. Das Bild war auf Holz gemalt und bildete einstmals mit dem Rahmen eine Einheit, der womöglich nach der Zeichnung Raffaels ausgeführt worden ist. Doch wegen dem schlechten Zustand der Holzgrundlage wurde das unschätzbareWerk gleich nach seinem Eintreffen aus Italien 1871 von Holz auf Leinwand übertragen.

In dem Kabinett, wo die Fresken der Raffael-Schule ausgestellt sind, befindet sich noch ein weltbekanntes Meisterwerk der italienischen Kunst – der *Hockende Knabe,* die einzigste Skulptur Michelangelos in der Eremitage.

Kabinett (Saal der Fresken der Raffael-Schule)
Architekt Leo von Klenze

Die Raffael-Loggien in der Ermitage
Teilansicht der Deckenbemalung

Von der reifen Schaffensperiode Raffaels gibt zum Teil die Eremitage-Kopie von den berühmten Raffael-Loggien im Vatikan einen Einblick. Der Architekt Giacomo Quarenghi baute im Auftrag Katharinas II. neben dem Eremitage-Theater einen Gebäudeteil, der die Vatikan-Galerie in ihren Ausmaßen wiederholte. Die Kopien der Vatikan-Fresken fertigte der römische Künstler Christophor Unterberger mit seinen Gehilfen auf Leinwänden an, die 1787 bis 1788 an den Loggien-Wänden in Petersburg angebracht wurden.

Raffael-Loggien. 1783–1792
Architekt Giacomo Quarenghi

Im Jahre 1783 befahl Katharina II. ihrem Hofarchitekten Giacomo Quarenghi, auf der Stelle des baufällig gewordenen Winterpalastes Peters I. (am Ufer des Wintergrabens) ein neues Hoftheater zu errichten. Der den Wintergraben überspannende zierliche venezianische Bogen verbindet das weißsäulige Theatergebäude mit den zur Newa gerichteten Fassaden der Eremitage-Bauten zu einem einheitlichen Ensemble. Dem Architekten gelang es, ein wahres baukünstlerisches Meisterwerk zu schaffen, das zu einem der besten Schlosstheater in Europa wurde. Er nutzte dabei das erste Geschoss des alten Winterpalastes Peters I. als Sockel und baute darauf einen herrlichen Theatersaal und eine Bühne. Das Theater beginnt mit dem Foyer im oberen Teil des Brückenbogens. Der Zuschauersaal überrascht durch seine gut ausgewogenen Proportionen. Quarenghi legte nach dem

Ermitage-Theater. 1783–1789
Architekt Giacomo Quarenghi

Zuschauersaal des Ermitage-Theaters

Vorbild der altrömischen Theater die Sitzreihen in Form eines Amphitheaters an. Das Theater wurde zum Lieblingsort der Kaiserin Katharina II. Das erlesen gestaltete, intime Haustheater der Kaiserin war nach den besten Errungenschaften der europäischen Theaterarchitektur ausgerüstet – eine vortreffliche Akustik, eine für szenische Handlungen gut geeignete Bühne, komfortable Zuschauerplätze. Die Theateraufführungen besuchte der ganze Hof, die Familie des Thronfolgers, Diplomaten, manchmal bis zu 200 Eingeladene. Die Kaiserin überwachte die Aufführungen und schrieb nicht selten Theaterstücke. Kapellmeister waren europäische Berühmtheiten, wie Cimarosa, Galuppi, Paisiello. Auf der Bühne traten die besten russischen und ausländischen Künstler auf.

Im Sockelgeschoss des Eremitage-Theaters befindet sich die einzigartige Gedenkausstellung »Winterpalast Peters I.«. Im Zuge von Rekonstruktionsarbeiten am Theater wurden 1987 bis 1989 bis auf uns gekommene Fragmente des dritten, des letzten Winterpalastes Peters I., aufgedeckt (1716 von Johann Mattarnovi begonnen und 1723 von Dominico Trezzini beendet). Das nach der Restaurierung wiederhergestellte Speisezimmer, das Kabinett und die Drechselstube zeigen Dinge aus den Eremitage-Depots, die zur Zeit Peters I. in Mode waren.

Die heute in der Ausstellung zu sehende postume »Wachsfigur« des Kaisers hat der Bildhauer Bartolomeo Carlo Rastrelli nach dem Willen der Kaiserin Katharina I. geschaffen. Die Figur kopiert genau den äußerlichen Anblick des Kaisers. Sie war aus Holz angefertigt, und nur die Hände, die Füße und das Gesicht waren aus Wachs. Die Bekleidung des Kaisers, der von hohem Wuchs war (2,04 Meter) ist original: der silberbestickte Paradeanzug, der Andreasorden mit rotem Ordensband, die Schuhe und sogar die Perücke aus dem Haar Peters I.

Bartolomeo Carlo Rastrelli. 1675–1744
Wachsfigur Peters I. 1725. Wachs und Holz, Höhe 204 cm

Winterpalast Peters I. Drechselstube

Hauptfassade der Neuen Eremitage vonseiten der Millionenstraße. 1842–1851. Architekt Leo von Klenze

Die Neue Eremitage ist das fünfte Gebäude des Eremitage-Komplexes. Die Idee, ein spezielles Gebäude zur Aufnahme der Eremitage-Sammlungen zu errichten und darin ein öffentliches, dem Publikum zugängliches Museum einzurichten,gehörte Nikolaus I. Ähnliche Museen erschienen in Europa bereits Anfang des 19.Jahrhunderts. Die Meisterwerke der Weltkultur, die sich in den Schloss- und Privatsammlungen nach dem Ende des napoleonischen Krieges, in der demokratischen Periode der europäischen Gesellschaft befanden, wurden dem aufgeklärten Publikum zugänglich. Die Öffnung des ersten öffentlichen Museums in Petersburg wurde zum Teil der gesamteuropäischen Kulturpolitik, der sich Russland anschloss. Das Projekt des Museums, das später den Namen Neue Eremitage erhielt, bestellte man beim bayerischen Architekten Leo von Klenze, der bereits große Erfahrung beim Errichten von Museumsgebäuden hatte. Die nach Süden gerichtete Hauptfassade der Neuen Eremitage führte auf die Millionenstraße. Den Bau leitete der Architekt Wassili Stassow mit seinem Gehilfen, dem Architekten Nikolai Jefimow. Das neue Museum öffnete offiziell am 7.Februar 1852 den Besuchern seine Türen.

Portikus der Neuen Eremitage mit granitenen Atlantenfiguren. 1840 er Jahre. Bildhauer Alexander Terebenjew

Oberer Treppenabsatz der Prunktreppe der Neuen Eremitage. 1852

Die Prunktreppe der Neuen Eremitage führt in die Säle des zweiten Geschosses, wo sich die Sammlung der westeuropäischen Kunst befindet. Den oberen Treppenabsatz schmücken dekorative Vasen aus Halbedelsteinen von Meistern aus den Manufakturen in Peterhof, Jekaterinburg und Kolywan. Hier ist auch die Sammlung von Marmorstatuen vorgestellt, die Nikolaus I. 1845 in Rom erworben hatte, als er die Werkstätten der damals modischen neoklassizistischen Meister – der Italiener Lorenzo Bartolini, Giovanni Dupré der Deutschen Emil Wolf, Rudolf Schadow – besuchte.

Scipione Tadolini. 1788–1868
Ganymed mit Adler. 1845. Marmor

Pietro Tenerani. 1798–1869
Amor zieht der Venus einen Splitter aus dem Fuß. 1845. Marmor

Galerie der Geschichte der altertümlichen Malerei. Architekt Leo von Klenze

Die Säle des zweiten Geschosses der Neuen Eremitage eröffnet die Galerie der Geschichte der altertümlichen Malerei. Sie sollte nach Klenze eine eigenständige Einführung in die Geschichte der Weltkunst und der Anfang zum Studium der europäischen Malerei in den Sälen der Gemäldegalerie sein. Die Legenden von der einmaligen Meisterschaft der antiken Maler, deren Arbeiten bis in unsere Zeit nicht erhalten blieben, und die Sujets aus der antiken Geschichte hat der Münchener Künstler Hans Hiltensperger in einer Gemäldefolge an den Wänden der Galerie verwirklicht. Sie waren in der alten Enkaustik-Technik – mit Wachsfarben auf Kupfertafeln – gemalt. Seit 1861 wurde in der Galerie die Sammlung an Werken der beiden führenden Meister des Neoklassizismus Ende des 18. bis Anfang des 19.Jahrhunderts – des Italieners Antonio Canova und des Dänen Bertel Thorvaldsen – eingerichtet, die bereits Alexander I. zu sammeln begann. Besonderer Popularität erfreute sich die berühmte Gruppe »Drei Grazien«, die die französische Kaiserin Joséphine Beauharnais, die erste Gemahlin Napoleons, bei Canova bestellt hatte.

Antonio Canova. 1757–1822
Drei Grazien. 1813
Marmor. Höhe 182 cm

> Großer italienischer Oberlichtsaal
Architekt Leo von Klenze

Antonio Canale (Canaletto). 1697–1768
Empfang des französischen Botschafters in Venedig. 1726. Öl auf Leinwand. 181 x 259,5 cm

Die drei Hauptsäle im zweiten Geschoss der Neuen Eremitage heißen Oberlichtsäle, da das Licht durch ihre verglasten Decken in den Raum einfällt und günstig die Gemälde beleuchtet. Die Oberlichtsäle waren für großformatige Bilder bestimmt. Ihre großen Wandflächen sind mit gleichmäßig aufgetragener dunkelroter Farbe bedeckt, die den Stoff imitiert, mit dem sie ursprünglich bespannt waren. Im zentralen Saal – dem Großen Oberlichtsaal – sind die Monumentalwerke der italienischen Schule des 17. bis 18.Jahrhunderts ausgestellt. Die Sammlung krönt das Gemälde *Empfang des französischen Botschafters in Venedig* von dem glänzenden venezianischen Landschaftsmaler Antonio Canaletto. Der *Triumph des Feldherrn* von Battista Tiepolo, dem größten venezianischen Künstler des 18.Jahrhunderts, gehört zu einer Folge von fünf Monumentalbildern für das Schloss Dolfino in Venedig. Dargestellt ist hier der römische Feldherr des 3.Jh.v.Chr. Curius Dentatus, der Pyrrhus besiegte und Elefanten als Trophäen erbeutete.

Giovanni Battista Tiepolo. 1696–1770
Triumph des Feldherrn. Um 1725
Öl auf Leinwand. 546 x 322 cm

Caravaggio (Michelangelo Merisi da Caravaggio). 1571–1610
Der Lautenspieler. Um 1595. Öl auf Leinwand. 94 x 119 cm

Unter den zahlreichen Meisterwerken der italienischen Malkunst gibt es in der Eremitage zeichengebende Arbeiten, die das hohe Niveau der Kollektion bestimmen. Dazu gehört der berühmte *Lautenspieler* des großen Caravaggio, sein einzigstes Werk in der Eremitage. Der Sinn des Bildes ist verschiedenartig ausgedeutet worden. Am bekanntesten ist die Meinung, dass das Sujet mit dem Vanitas-Thema – dem Thema des vergänglichen Lebens – verbunden ist. Die blühende Jugend des Lautenspielers vergeht, daran erinnert die gesprungene Lautensaite und die Blumen, die verwelken, wie auch die Früchte, die einschrumpfen und austrocknen. Eine andere Deutung des Bildes ist mit der symbolischen Darstellung der fünf Sinne verbunden: die Blumen – der Geruch, die Früchte – der Geschmack, die Noten – das Gehör. Bemerkenswert ist jedoch hier das Dreidimensionale aller Bilddetails, die auf ihre Antastbarkeit hindeuten.

Tintoretto (Jacopo Robusti). 1518–1594. Geburt Johannes' des Täufers. Um 1550. Öl auf Leinwand. 181 x 266 cm

Luca Giordano. 1632–1705. Kampf der Lapithen mit den Kentauren. Ende 17.Jh. Öl auf Leinwand. 255 x 390 cm

El Greco (Domenico Theotokópuli). 1541–1614
Die Apostel Petrus und Paulus. Zwischen 1587–1592
Öl auf Leinwand. 121,5 x 105 cm

Francisco de Zurbarán. 1598–1664
Die Kindheit der Jungfrau Maria. Um 1660
Öl auf Leinwand. 73,5 x 53,5 cm

Anfang des 19.Jahrhunderts bildete sich die verhältnismäßig kleine Sammlung (etwa 150 Gemälde) der spanischen Malerei heraus, die jedoch im Vergleich zu anderen Weltmuseen genügend vollständig die besten Errungenschaften des »goldenen Jahrhunderts« der spanischen Kunst im 17.Jahrhundert vorstellte. In der Neuen Eremitage fanden die Gemälde der berühmten Künstler Velázquez, Murillo, Zurbarán, Ribera im sog. Großen Spanischen Oberlichtsaal ihren Platz. Im 20.Jahrhundert reihten sich in die spanische Malerei der Eremitage zwei Meisterwerke – die berühmten Apostel Petrus und Paulus von El Greco (im Jahre 1911) und das Bildnis der Antonia Zárate von Francisco de Goya (im Jahre 1972).

Francisco de Goya. 1746–1828
Bildnis der Antonia Zárate. Um 1811
Öl auf Leinwand. 71 x 58 cm

Weltbekannt ist die Eremitage-Sammlung der holländischen Malerei des 17.Jahrhunderts, des »goldenen Jahrhunderts« der holländischen Kultur. Außerhalb Hollands ist diese Schule nirgends so vollständig vertreten wie in der Eremitage. Das Besondere an dieser Kollektion sind nicht nur ihr kolossaler Umfang (mehr als tausend Gemälde) und die Fülle der Meisterwerke, sondern einzigartig ist hier die Sammlung an Arbeiten des größten Genius – des Rembrandt Harmensz van Rijn –, die in einem der größten Säle der Neuen Eremitage untergebracht ist. Mehr als zwanzig Gemälde zeigen den komplizierten Schaffensweg des Meisters im Laufe von vierzig Jahren: Von seinen frühen Werken in der noch traditionellen, sorgfältigen Malmanier, die ihm Erfolg einbrachten, bis zu den tief tragischen Gestalten, die nur die seltenen Gesinnungsgenossen verstanden.

Rembrandt-Saal

Rembrandt Harmensz van Rijn. 1606–1669
Die Heimkehr des verlorenen Sohnes. 1668–1669
Öl auf Leinwand. 262 x 205 cm

Rembrandt Harmensz van Rijn. 1606–1669
Danae. 1636–1642. Öl auf Leinwand. 185 x 202,5 cm

Als Sujet für die *Danae*, eines der berühmtesten Gemälde Rembrandts, diente ein altgriechischer Mythos. Danae, die einzige Tochter des Königs Akrisios, war das Los der Einsamkeit beschieden. Ihr Vater, dem das Orakel den Tod durch die Hand des künftigen Enkel vorausgesagt hatte, schloss Danae in einen Turm ein. Der oberste Gott Zeus jedoch, der von der Schönheit Danaes gefangen war, drang zu ihr als goldener Regen ein. Im Jahre 1985 fiel das Gemälde einem Geisteskranken zum Opfer, der es mit Schwefelsäure begoss und ihm zwei Messerstiche versetzte. Das kostbare Bild schien für immer verloren zu sein, doch die sorgfältige, von den Fachleuten der Eremitage durchgeführte Restaurierung, die zwölf Jahre andauerte, gab der *Danae* ihr Leben zurück.

Rembrandt Harmensz van Rijn. 1606–1669
Flora. 1634. Öl auf Leinwand. 125 x 101 cm

Zelt-Saal. Architekt Leo von Klenze

Im Zelt-Saal der Neuen Eremitage befindet sich eine der größten Sammlungen der holländischen Kunst des 17.Jahrhunderts. Der Bestand der Kollektion ist außerordentlich groß (mehr als tausend Gemälde) und enthält eine Fülle von Meisterwerken. Fast alle großen Maler des »goldenen Zeitalters« der holländischen Kultur sind in der Eremitage vertreten. Die Periode des höchsten Aufstiegs der holländischen Malerei fällt in die Mitte des 17.Jahrhunderts. Der überwiegende Teil der Meister, die den Namen »kleine Holländer« tragen, malte kleinformatige Bilder für die örtlichen Bürger, die es vorzogen, ihre Häuser mit Szenen aus dem alltäglichen Leben, mit Bildnissen, Stillleben und Landschaften ihres Heimatlandes auszuschmücken. Jeder Künstler spezialisierte sich auf einen besonderen, klar gekennzeichneten Kreis von Themen, von denen es in der holländischen Kunst eine Vielzahl gab. In Holland waren Kunstzentren – Amsterdam, Harlem, Utrecht, Delft, Leyden, Haag – , wo bekannte Meister lebten und arbeiteten. Die Gemälde der »kleinen Holländer« wirkten nicht nur anziehend durch ihre Sujets, sondern auch durch das komplizierte Kolorit, die virtuose Wiedergabe der Licht-Luft-Atmosphäre und den Fakturreichtum der Gegenstände, darin hatten diese Maler im 17.Jahrhundert nicht ihresgleichen.

Der große Porträtmaler des 17.Jahrhunderts Frans Hals ist in der Eremitage mit zwei bemerkenswerten Beispielen seiner Malkunst vertreten. Im *Bildnis eines jungen Mannes mit Handschuh* malt der Künstler mit freiem,

Frans Hals. Zwischen 1581 und 1585–1666
Bildnis eines jungen Mannes mit Handschuh
Um 1650. Öl auf Leinwand. 80 x 66,5 cm

der holländischen Malweise nicht eigenem Pinselstrich. Er erfasst den Charakter des Dargestellten im minutiösen, sich schnell wechselnden Moment.

Das *Trunkene Paar in der Küche* ist eines der Meisterwerke von Jan Steen, einem hervorragenden Meister des alltäglichen Genres und aufmerksam scharfsinnigen holländischen Künstler. In den Gestalten des trunkenen Paars hat Jan Steen sich selbst und seine Frau Margaret, die Tochter des Landschaftsmalers Jan van Goyen, dargestellt. Wie gewöhnlich hat der Maler in diesem lustigen Sujet die moralische Sentenz von den verderblichen Folgen der falschen Lebensweise versteckt.

Jan Steen. 1625/26–1679
Trunkenes Paar in der Küche
Um 1660. Öl auf Holz. 39 x 30 cm

Pieter de Hooch. 1629 bis nach 1684
Herrin und Magd. Um 1660
Öl auf Leinwand. 53 x 42 cm

Das sog. Frühstück-Stillleben war eines der populärsten Genres in der holländischen Malerei. Ein umgestoßener Pokal, ein zerknülltes Tischtuch, unordentlich beiseitegeschobene Messer und Gabeln – hinter all diesem spürt man in den holländischen Stillleben die Gegenwart des Menschen, als ob dieser eben das Zimmer verlassen hätte. Willem Claesz Heda ist ein führender Meister dieses Genres. Den Gegenständen auf seinen Stillleben, zu denen man das *Frühstück mit Krabbe* zählen kann, fehlt fast völlig die leuchtende, satte Farbe, doch schafft sie, in eine erlesene Farbskala vereinigt, einen Farbakkord von überraschender Schönheit.

Willem Claesz Heda. 1594 bis zwischen 1680 und 1682
Frühstück mit Krabbe. 1648. Öl auf Leinwand. 118 x 118 cm

Gerard Terborch. 1617–1681. Ein Glas Limonade
1660er Jahre. Öl auf Leinwand. 67 x 54 cm

Saal der flämischen Malerei des 17. Jahrhunderts (Snyders-Saal)

Die flämische Kunst ist in der Eremitage mit erschöpfender Fülle vertreten. Mehr als 500 Gemälde verschiedenen Genres – vielfigurige Kompositionen allegorischen und religiösen Inhalts, Porträts, Stillleben, Landschaften, Alltagsszenen zeugen von der Meisterschaft von mehr als 140 Künstlern und einer der führenden Malschulen des 17. Jahrhunderts. Die Eremitage-Sammlung besitzt große Sammlungen der bedeutendsten flämischen Meister – etwa vierzig Werke von Peter Paul Rubens, dem führenden Haupt der flämischen Schule, 24 Arbeiten des berühmten Porträtmalers Anthonis van Dyck, Monumentalbilder von Frans Snyders, Jacob Jordaens, Paul de Vos und Genregemälde von David Teniers und Adriaen Brouwer.

Anthonis van Dyck. 1599–1641. Bildnis des Sir Thomas Wharton
Zweite Hälfte 1630er Jahre. Öl auf Leinwand. 217 x 128,5 cm

S Thomas Wharton brother
to Philip now Lord Wharton
1639 about yᵉ age of 25.
P. S. Ant: Vandike

Anthonis van Dyck. 1599–1641. Familienbildnis (Familie des Landschaftsmalers Jan Wildens?). Ende 1621. Öl auf Leinwand. 113,5 x 93,5 cm

David Teniers d.J. 1610–1690
Bauernhochzeit. 1650. Öl auf Leinwand. 82 x 108 cm

Jacob Jordaens. 1593–1678. Der Bohnenkönig
Um 1638. Öl auf Leinwand. 157 x 211 cm

Frans Snyders. 1579— 1657. Obstladen
Zwischen 1618 und 1621. Öl auf Leinwand. 206 x 342 cm

Peter Paul Rubens. 1577–1640. Perseus und Andromeda
Anfang 1620er Jahre. Öl auf Leinwand. 99,5 x 139 cm

Die Eremitage-Sammlung erlaubt eine gebührende Einschätzung des weiten Schaffensbereichs des großen flämischen Meisters Peter Paul Rubens. Jedes Rubens-Gemälde in der Eremitage scheint neue Seiten seiner mächtigen Begabung aufzudecken. Selbst die abstrakten, spekulativen Kompositionen sind bei ihm mit Lebensenergie geladen. Das *Bündnis von Erde und Wasser* ist eine Allegorie, die das Bündnis von zwei Gewalten preist, in dem die Erde von der Göttin der Erde Cybele und das Wasser vom Meergott Neptun verkörpert werden. Zu den Meisterwerken der Sammlung gehört *Perseus und Andromeda.* Auf diesem Bild, das seine frischen Farben im Laufe von fast vierhundert Jahren nicht eingebüßt hat, behandelt der Meister das mythologische Sujet von der Heldentat des Perseus, des Sohnes von Zeus und der Danae. Der Held tötet das Ungeheuer, dem die Tochter des äthiopischen Königs zum Opfer gebracht werden soll, befreit die Gefangene und erhält zum Lohn die Liebe der Schönen.

> *Rittersaal*

Peter Paul Rubens. 1577–1640. Das Bündnis von Erde und Wasser. Um 1618. Öl auf Leinwand. 222,5 x 180,5 cm

Dont touch
the exhibits
please

Просьба экспонаты не трогать
Don't touch the exhibits please

Saal der römischen dekorativen Skulptur
des 1.- 2. Jahrhunderts (Peristyl-Höfchen)

Saal der Taurischen Venus

Die Sammlung der antiken Kunst ist in den speziell dafür errichteten großen Sälen im ersten Geschoss der Neuen Eremitage untergebracht. Die mit künstlichem Marmor edler Nuancen verkleideten Wände betonen die weißmarmornen, majestätischen Statuen. Die Reihen schlanker bemalter Vasen, Gegenstände aus Glas und Metall sowie kostbare Gemmen fügen sich natürlich in den, vom talentvollen Architekten geschaffenen Raum. Antikisch ausgewogene Proportionen zeigt auch die Museumseinrichtung – die Postamente für die Statuen, die Schränke und das Möbel für die Besucher sind im neogriechischen Stil nach den Zeichnungen von Klenze ausgeführt worden. Die klassische Strenge der Säle – die Säulen, die Karyatiden unter den Gewölben, die zierlichen griechischen Ornamente an den Decken und Wänden, der bunte Fußbodenmarmor – bildet einen würdigen Rahmen für die edle Schönheit der antiken Welt.

Taurische Venus. Römische Kopie nach dem griechischen Original des Praxiteles-Kreises. 3.Jh.v.Chr. Marmor. Höhe 169 cm

Der speziell für die Sammlung von bemalten antiken Vasen vorbestimmte Zwanzigsäulen-Saal gleicht einem griechischen Tempel. Zwei Reihen von Granitsäulen stützen die in Quadrate aufgeteilten Deckenbalken. Am oberen Wandteil erscheinen zwölf Kompositionen zu Vasenbemalungen. Ein Schmuckstück der Keramiksammlung ist die prächtige Hydria, eine wahre »Königin der Vasen«, die in den Grabungen einer alten Nekropole entdeckt worden ist. Die Vasenschultern tragen ein Relief, das die Kultrituale der Göttin der Fruchtbarkeit Demeter zeigt. Den mit schwarzem Lack bedeckten Vasenkörper umgürtet ein meisterlich gearbeitetes Relief von Greifen und Löwen. Im Saal ist ebenfalls eine kleine, wertvolle Sammlung an etruskischer Bronze zu sehen.

Hydria mit Szenen aus den eleusischen Mysterienspielen ("Königin der Vasen"). 4.Jh.v.Chr. Campanien, Kyme. Ton; Reliefs, Bemalung. Höhe 62,2 cm

Zwanzigsäulen-Saal

Graburne. Mitte 4.Jh. Etrurien. Bronze
Höhe 42 cm, Länge des Postaments 69 cm

Jupiter-Statue. 1.Jh. Rom
Marmor, Gips Ton. Höhe 347 cm

Den wertvollsten Teil der antiken Eremitage-Sammlung bildet die Kollektion des römischen Porträts. Ihre besten Beispiele finden sich in dem Saal, der ursprünglich für die westeuropäische Skulptur vorgesehen war, deshalb schmückte von Klenze das Gewölbe mit Basrelief-Porträts der größten europäischen und russischen Bildhauer: Michelangelo, Thorvaldsen, Canova, Martos, Rauch. Die Mitte des Saals nimmt die Monumentalstatue des obersten altgriechischen Gottes Jupiter ein, die zum nicht erhaltenen Meisterwerk des Phidias, des großen Bildhauers des 5.Jh.v.Chr. gehört. Der altgriechische Meister schuf seine Zeus-Statue in der Chryselephantinetechnik – einer Kombination von Elfenbein und Gold. Die Eremitage-Statue dagegen war einstmals in der Akrolithtechnik – Marmor mit vergoldetem Holz – geschaffen worden. Die nicht auf uns gekommenen Holzdetails sind durch tonierten Gips ersetzt worden.

Bildnis des römischen Kaisers Philippus Arabs. 3.Jh. Rom. Marmor. Höhe 70 cm

Unter den im Saal zu sehenden Porträts aus dem 2.-3.Jh. hebt sich das Bildnis des Soldatenkaisers Philippus Arabs hervor. In den besten Traditionen der römischen Porträtskulptur des 3.Jahrhunderts ist das Bildnis der Julia Cornelia Salonina, der Frau des Kaisers Gallienus behandelt.

Porträtbüste der Kaiserin Salonina
Mitte 3.Jh. Marmor. Höhe 57 cm

Kolywan-Schale. 1847. Altai. Kolywaner Schleifmanufaktur. Jaspis. Höhe 2,5 m, Durchmesser 4,5 m

Die berühmte Jaspis-Schale aus Kolywan, ein bewunderungswürdiges Beispiel der russischen Steinschneidekunst, befand sich ganz zufällig in einem der Säle im ersten Geschoss der Neuen Eremitage unter den Exponaten der antiken Kollektion. Sie ist, wie auch die zahlreichen Schalen aus buntem Stein, speziell zum Schmuck der Säle im zweiten Geschoss geschaffen worden, doch konnte sie wegen ihres ungeheuren Gewichts von 19 Tonnen dort nicht aufgestellt werden. Die Schale besteht aus fünf auseinandernehmbaren Monolithblöcken, ihr Durchmesser beträgt etwa 5 Meter.

Zwölf Jahre arbeiteten an ihr die Meister der Kolywaner Schleifmanufaktur im Altai und benutzten dabei Vorbilder der antiken Keramik. Deshalb wirkt die Schale auch nicht fremdartig unter den Schöpfungen der antiken

Künstler. Eines der bekanntesten Eremitage-Meisterwerke der antiken Glyptik ist die berühmte Gonzaga-Kamee, ein seltenes Exemplar der großen »dynastischen« geschnittenen Steine mit der Darstellung der ägyptischen Herrscher Ptolemaios II. Philadelphos und seiner Gemahlin Arsinoë. Die bemerkenswerte Schönheit des dreischichtigen Sar-donyx war für farbliche Effekte gut geeignet. Die untere dunkle Schicht dient als Fond, vor dem sich die hellen, matten Profile abheben, und aus der oberen braunen Schicht sind die Details

Kamee »Ptolemaios II. Philadelphos und Arsenoë II.« (Gonzaga-Kamee) 3.Jh. v.Chr. Alexandria. Sardonyx. 15,7 x 11,8 cm

geschnitten – das Haar,der Helm, die Kleidung. Die Kamee schenkte Joséphine Beauharnais, die erste Gemahlin Napoleons, Alexander I. Bekannt ist auch ein anderes Eremitage-Meisterwerk – die Pelike »Erste Schwalbe«, ein rotfiguriges Weingefäß mit herrlicher Bemalung. Ein Mann, ein Jüngling und ein Knabe schauen auf eine über ihnen schwebende Schwalbe. Die Beschriftungen geben ihr Gespräch wieder. »Sieh, eine Schwalbe«, spricht der Mann. »Ja, eine Schwalbe, zum Herkules«, ruft der Jüngling aus. »Da ist sie! Der Frühling ist da«, freut sich der Knabe.

Rotfigurige Pelike »Erste Schwalbe« Um 510 v.Chr. Attika, Euphronius-Werkstatt Ton, bemalt. Höhe 37,5 cm

Reliquiar in Gestalt einer Diakon-Figur (hl.Etienne). Ende 12.Jh. Frankreich Silber, Holz, Edel- und Halbedelsteine; vergoldet. Höhe 42,5 cm

Prozessionskreuz des hl.Trudpert (sog. Freiburger Kreuz). Zweite Hälfte 13.Jh Silber, Gold, Edel- und Halbedelsteine, Zellenemaille; vergoldet. Höhe 71,5 cm

In den Sälen des ersten Geschosses der Neuen Eremitage gibt es eine Sonderaustellung, in die man nur in Begleitung einer Führung gelangen kann. Das ist die sog. Brillanten-Schatzkammer – eine Sammlung von kostbarem Juwelierschmuck, von Erzeugnissen aus Gold und Silber. Die Kollektion der Juwelierkunst in der Eremitage begann bereits unter der Herrschaft Katharinas II. Einer der Säle in ihrer Wohnhälfte wurde zur Aufbewahrung von Kostbarkeiten und der kaiserlichen Regalien abgesondert und trug den Namen Brillanten-Gemach. In der heutigen Brillanten-Schatzkammer werden ebenfalls unikale Golderzeugnisse aus alten Hügelgräbern und wertvollste Beispiele der westeuropäischen Kunst des Mittelalters aufbewahrt. Unter den Kostbarkeiten des russischen Kai-

Miniaturkopie der kaiserlichen Regalien. 1900. Juwelier Carl Fabergé Gold, Brillanten, Perlen, Saphir, Spinell

serhofes befindet sich die einzigartige, zehnmal verkleinerte Kopie der kaiserlichen Regalien, angefertigt für die Kaiserin Katharina II. von ihrem Hofjuwelier Jeremias Pauzier. Die Regalien – die große Krone, das Zepter, der Reichapfel und die kleine Krone – sind später für die Gemahlin des Kaisers Alexander I. angefertigt worden und befinden sich jetzt im Moskauer Diamantenfundus. Die Kopie hat der berühmte Juwelier Karl Fabergé speziell für die Pariser Weltausstellung 1900 geschaffen und dafür den Großen Preis und eine Goldmedaille bekommen, der Meister selbst bekam den Titel »Bester Juwelier Europas«.

Blumenstrauss aus Edelsteinen und bunten Steinen in Gold- und Silberfassungen. 1740er Jahre Petersburg. Juwelier Jeremias Pauzier (?) Gold, Silber, Brillanten, Edelsteine und bunte Steine, Glas, Gewebe. 13 x 19 cm

Generalstab (1818–1827). Architekt Carlo Rossi
Blick vonseiten des Schlossplatzes

Der vom Architekten Rossi geschaffene 500 Meter lange Bogen des Generalstabsgebäudes, der den Schlossplatz von Süden umrahmt, bildet zusammen mit dem Winterpalast Rastrellis eines der schönsten Ensembles von Sankt Petersburg. Zwei Flügel dieses herrlichen Baudenkmals aus der Epoche des Klassizismus verbindet der mit einem Sechsgespann bekrönte Triumphbogen. Der linke Flügel des Generalstabs – vom Triumphbogen bis zur Seite des Moika-Ufers – ist in den 90er Jahren der Eremitage übergeben worden. Das in den Jahren der Sowjetmacht nicht generalüberholte Gebäude bedurfte einer ernsthaften Rekonstruktion. Ungeachtet vieler Schwierigkeiten haben sich nach der Restaurierung bereits Säle geöffnet, die zum Teil des heutigen Eremitage-Komplexes geworden sind. Außer den neuen Ausstellungen

»Unter dem Zeichen des Adlers. Die Kunst des Empires« und »Pierre Bonnard und Maurice Denis. Dekorative Ensembles in der Sammlung der Eremitage«, die es ermöglichen, den Besuchern Werke zu zeigen, die sich früher wegen mangelnder Ausstellungsräume in der Eremitage im Depot befanden, werden hier ebenfalls zeitweilige Ausstellungen veranstaltet, die im wesentlichen der Kunst des 20.Jahrhunderts gewidmet sind. Neue Räume öffneten

Stücke aus dem Ägyptischen Service. 1806–1808. Bemalt nach Zeichnungen von Dominique Vivant Denon. Sèvres-Porzellanmanufaktur. Frankreich. Porzellan, Überglasurmalerei, Vergoldung

Generalstab. Speisezimmer. 1819–1827. Wohnhälfte von Karl Nesselrode. Architekt Carlo Rossi

Generalstab. Tanz-Saal. 1819–1827
Wohnhälfte von Karl Nesselrode. Architekt Carlo Rossi

ihre Türen auch für die Besichtigung moderner, radikaler Erscheinungen in der heutigen Weltkunst. So wird die Eremitage nicht nur zum Zentrum der klassischen, sondern auch der heutigen Kultur. Der Eremitage-Flügel des Generalstabs ist für das Finanz- und Außenministerium gebaut worden. Das zweite Geschoss, das Paradegeschoss, nahm der Minister für Auswärtige Angelegenheiten (der Staatskanzler) ein. In dieser Eigenschaft arbeitete in diesen Appartements als erster Karl Nesselrode (1780–1862). Zum Glück hat die von Rossi Anfang des 19.Jahrhunderts geschaffene Ausgestaltung der Appartements zur Zeit Nesselrodes fast nicht gelitten. Hier, in den originalen Empire-Interieurs sind Kunsterzeugnisse aus dieser Periode ausgestellt, die von der glänzenden Meisterschaft der russischen und französischen Künstler aus der Zeit Alexanders I. und Napoleons zeugen.

Blick auf den Schlossplatz und das Gebäude des Winterpalastes vonseiten des Triumphbogens des Generalstabs

Эрмитаж
Путешествие по залам (на немецком языке)

Издательство «Альфа-Колор», Санкт-Петербург
Тел./факс (812) 326-8384 E-mail: alfac@mail.wplus.net